BIBLICA ET ORIENTALIA - N. 23

W. A. VAN DER WEIDEN

Le Livre des Proverbes

Notes philologiques

ROME
BIBLICAL INSTITUTE PRESS
1970

BIBLICA ET ORIENTALIA

SACRA SCRIPTURA ANTIQUITATIBUS ORIENTALIBUS ILLUSTRATA

1. — W. PAULUS, Marduk Urtyp Christi ? (in-4°). 1928. 66 p., II tab. L.it. 600/$1.00

2. — E. BURROWS, Tilmun, Baḫrain, Paradise (in-4°). 1928. 34 p. L.it. 300/$0.50

3. — G. MESSINA, I Magi a Betlemme e una predizione di Zoroastro. 1933. 104 p. L.it. 900/$1.50

4. — Fr. BLOME, Die Opfermaterie in Babylonien und Israel. I. Teil. 1934. XX-469 p. L.it. 2.100/$3.50

5. — A. DEIMEL, *Enuma Eliš* und Hexaëmeron. 1934. 92 p. L.it. 900/$1.50

6. — A. DEIMEL, Die altbabylonische Königsliste und ihre Bedeutung für die Chronologie. 1935. 66 p. L.it. 900/$1.50

7. — G. MESSINA, Inizi di lirica ascetica e mistica persiana. 1938. 53 p. L.it. 600/$1.00

8. — I. DI MATTEO, La divinità di Cristo e la dottrina della Trinità in Maometto e nei polemisti musulmani. 1938. 86 p. L.it. 900/$1.50

9. — G. MESSINA, Libro apocalittico persiano : Ayātkār-i Žāmāspīk. 1939. 156 p. L.it. 1.200/$2.00

10. — G. MESSINA, Notizia su un diatessaron persiano tradotto dal siriaco. 1943. 128 p., II tab. L.it. 900/$1.50

11. — T. O'SHAUGHNESSY, The Koranic Concept of the Word of God. 1948. 72 p. L.it. 900/$1.50

12. — E. S. DROWER, Šarḥ ḏ Qabin ḏ Šišlam Rba. 1950. 112 p. L.it. 2.700/$4.50

13. — S. LYONNET, Les origines de la version arménienne de la Bible et le Diatessaron. 1950. 302 p. L.it. 5.700/$9.50

14. — G. MESSINA, Diatessaron persiano. I. Introduzione. II. Testo e traduzione. 1951. CXIV-390 p. L.it. 8.400/$14.00

15. — S. MOSCATI, L'Epigrafia ebraica antica 1935-1950. 1951. XIX-123 p., XXXIV tab. L.it. 4.500/$7.50

16. — D. HILLERS, Treaty-Curses and the Old Testament Prophets. 1964 XIX-101 p. L.it. 1.500/$2.50

17. — M. DAHOOD, Ugaritic-Hebrew Philology. Marginal Notes on Recent Publications. 1965. VIII-89 p. L.it. 1.200/$2.00

18. — J. FITZMYER, The *Genesis Apocryphon* of Qumran Cave I. A Commentary. 1966. XVI-232 p. L.it. 3.000/$5.00

BIBLICA ET ORIENTALIA

(SACRA SCRIPTURA ANTIQUITATIBUS ORIENTALIBUS ILLUSTRATA)

23

ROMAE

E PONTIFICIO INSTITUTO BIBLICO

1970

W. A. VAN DER WEIDEN, M. S. F.
Jogjakarta, Indonésie

Le Livre des Proverbes
Notes philologiques

ROME
BIBLICAL INSTITUTE PRESS
1970

TYPIS PONTIFICIAE UNIVERSITATIS GREGORIANAE — ROMAE

Introduction

Quelques remarques sur deux grands commentaires récents du Livre des Proverbes introduiront cette étude. Les ouvrages d'A. Barucq (1) et R. B. Y. Scott (2) mettent tout d'abord en évidence la richesse, pour l'exégèse de ce livre, d'une étude comparative avec les textes extrabibliques. Ils utilisent en effet fréquemment et d'une manière excellente les écrits sapientiaux suméro-accadiens et surtout les textes de la sagesse égyptienne.

Cependant nombre de difficultés textuelles demeurent et ces auteurs tentent de les résoudre en utilisant parfois des voies différentes. Barucq, dont le commentaire, et c'est un avantage notable, donne toujours les variantes importantes des versions anciennes en particulier de la Septante, préfère en plusieurs passages la lecture de cette dernière à celle du texte massorétique. Quant à Scott, il procède plus souvent à des corrections du texte consonantique.

En face des difficultés du texte hébreu deux méthodes, différentes et opposées, s'avèrent possibles, pour la recherche d'une solution. La première, au nom de la critique textuelle, suppose une erreur dans la transmission du texte et tâche de l'éliminer en reconstituant le texte original, en s'appuyant éventuellement sur les versions anciennes. La seconde, utilisant la philologie comparative, suppose une fidélité du TM au texte original, au moins quant aux consonnes, et cherche à en clarifier le sens en tenant compte des langues apparentées. Cette dernière voie, sans corriger le texte, tente donc de l'expliquer d'une manière nouvelle (3).

---

(1) *Le Livre des Proverbes* (Sources Bibliques ; Paris 1964).

(2) *Proverbs. Ecclesiastes* (The Anchor Bible, 18 ; Garden City, New York 1965).

(3) On trouvera une description des méthodes de la critique textuelle et de la philologie comparative dans J. Barr, *Comparative Philology and the Text of the Old Testament* (Oxford 1968) 1-13. Le texte de la présente étude était déjà achevé lors de la parution de ce premier ouvrage sur la philologie comparative. Cette source très riche n'a donc été utilisée que rarement, dans les notes.

Or en étudiant les commentaires de Barucq et Scott, on peut, semble-t-il, se demander légitimement s'il ne serait pas possible d'expliquer beaucoup de ces difficultés textuelles tout en sauvegardant le TM ou à tout le moins le texte consonantique, et donc sans chercher la solution dans des corrections du texte ni avoir recours aux variantes de la Septante. Pour ce faire, de nombreuses pistes de recherche philologique s'ouvrent encore grâce à la découverte et à la publication d'une abondante littérature ougaritique ainsi que des inscriptions phéniciennes et puniques, l'ensemble constituant, avec les écrits hébreux, l'essentiel de la littérature sémitique nord-occidentale. L'examen de ces textes, et de plusieurs travaux récemment publiés à leur sujet ([4]), fait entrevoir les possibilités offertes à une étude comparative, surtout en ce qui concerne la syntaxe, la lexicographie et les phénomènes stylistiques. Récemment encore ([5]), W. Baumgartner pouvait écrire : « So sind die Zeiten, wo man noch mit einem gewissen Rechte sagen konnte, das Ugaritische werde mehr vom Hebräischen erklärt als das Hebräische vom Ugaritischen, längst vorüber» ([6]).

De fait ce principe a été approuvé par Barucq et Scott puisqu'ils ont accepté assez souvent les explications proposées par C. I. K. Story, G. R. Driver, W. F. Albright, D. Winton Thomas et M. J. Dahood. Cependant ces deux commentateurs se sont limités à incorporer dans

---

([4]) A signaler, pour le Livre des Proverbes, les études suivantes : C. I. K. Story, « The Book of Proverbs and Northwest-Semitic Literature», *JBL* 64 (1945) 319-337. — G. R. Driver, « Problems in the Hebrew Text of Proverbs», *Biblica* 32 (1951) 173-197. — W. F. Albright, « Canaanite-Phoenician Sources of Hebrew Wisdom», *WIANE* 1-15. — D. Winton Thomas, « Textual and Philological Notes on Some Passages in the Book of Proverbs», *WIANE* 280-292. — M. J. Dahood, *Proverbs and Northwest Semitic Philology* (Roma 1963).

([5]) L. Koehler et W. Baumgartner, *Hebräisches und Aramäisches Lexikon zum Alten Testament* 1. Lieferung (Leiden 1967[3]) XIII.

([6]) Cf. H. H. Schmid, *Wesen und Geschichte der Weisheit* (Berlin 1966) 168s : « Die traditionsgeschichtliche Forschung hat gezeigt, dass gerade die vorisraelitischen Jerusalemer Überlieferungen (die sich von denen des alten Ugarit wohl nicht grundlegend unterscheiden) sich in alttestamentlicher Zeit grosser Beliebtheit erfreuen. Dass es sich aber andrerseits nicht um direkte Übernahmen handelt, kann zwar wohl kaum mit dem Fehlen genuin ugaritischer Weisheitstexte bewiesen werden, zeigt sich aber daran, dass sich diese Ugaritismen über samtliche Schichten des Prov-Buches verstreuen, ja in den anerkanntermassen jüngsten Kap. 8 und 9 sich sogar massieren .... Die biblische Spruchweisheit ist zwar durchaus israelitisch konzipiert, verwendet aber in recht grossem Masse vorisraelitische, kanaanäische Vorstellungen und Sprachelemente».

leurs ouvrages de telles explications philologiques sans tenter d'en appliquer le principe à d'autres versets difficiles.

Ces considérations ont guidé la présente étude. Par un nouvel examen philologique du Livre des Proverbes, elle voudrait, dans la voie ouverte par de si éminents spécialistes, proposer des éléments de solution à diverses questions restées en suspens. De même que les études précédentes, cet examen ne saurait avoir la prétention d'épuiser le sujet, ni en traitant tous les problèmes, ni en leur apportant une solution définitive ([7]) ; il devra encore être approfondi et corrigé. L'histoire de la philologie comparative, décrite dans le dernier livre de J. Barr ([8]), impose une très grande modestie à ceux qui proposent des solutions en réponse aux difficultés textuelles. Toutefois, la valeur éminente du texte hébreu de la Bible demande que toutes les méthodes possibles de recherche scientifique soient utilisées pour en clarifier les passages obscurs.

Un travail de ce genre peut difficilement s'organiser en fonction d'un ordre logique. Son objet lui-même en effet, un ensemble de proverbes composés et recueillis au cours de plusieurs siècles, manque d'unité. La variété des phénomènes à étudier ajoute à cette dispersion en conduisant les recherches tour à tour dans les domaines de la phonétique ou de la morphologie, de la lexicographie, de la stylistique ou de la syntaxe. C'est pourquoi, et afin de rendre possible l'utilisation de cette étude pour un examen direct du texte biblique, les notes proposées ici suivront l'ordre même des versets du livre tel qu'on le trouve dans le TM.

Pour éviter les répétitions un phénomène sera discuté plus largement lorsqu'un exemple clair se présentera. Une telle discussion comportera généralement : la solution proposée par les grammaires, dictionnaires ou commentaires ; quelques exemples cananéens ; quelques exemples bibliques, de préférence dans le Livre des Proverbes, déjà étudiés par les auteurs, enfin de nouveaux exemples tirés de ce Livre. Chaque fois que le phénomène se présentera, le lecteur pourra se reporter à cette discussion plus ample.

([7]) L'emploi fréquent de mots tels que « probablement, peut-être, vraisemblablement », sera pour le lecteur un indice de cette imperfection qualitative. D'autre part, la répartition même de ces « notes philologiques » indique l'imperfection quantitative : bien que la première partie du Livre des Proverbes ait reçu plus d'attention, l'auteur n'entend pas suggérer que l'influence cananéenne ait été plus grande dans les dix premiers chapîtres que dans le reste du Livre.

([8]) *Comparative Philology and the Text of the Old Testament* (Oxford 1968).

Abréviations

AfO	Archiv für Orientforschung (Berlin, Graz).
AJSL	American Journal of Semitic Languages and Literatures (Chicago).
ArOr.	Archiv Orientální (Praha).
BASOR	Bulletin of the American Schools of Oriental Research (Baltimore).
BDB.	F. Brown, S. R. Driver et C. A. Briggs, *A Hebrew and English Lexicon of the Old Testament* (Oxford 1959[4]).
BH³	*Biblia Hebraica* éd. R. Kittel, 3ème éd.
Biblica	Biblica. Commentarii ad rem biblicam scientifice investigandam (Roma).
BJ	*La Sainte Bible* traduite en français sous la direction de l'École Biblique de Jérusalem (Paris 1956).
BJPES.	Bulletin of the Jewish Palestine Exploration Society (Jerusalem).
BO	Bibliotheca Orientalis (Leiden).
BZ	Biblische Zeitschrift (Paderborn).
BZAW	Beihefte zur Zeitschrift für die Alttestamentliche Wissenschaft (Berlin).
CBQ	Catholic Biblical Quarterly (Washington).
CIS	*Corpus Inscriptionum Semiticarum* (Paris).
Cowley.	A. Cowley, *Aramaic Papyri of the Fifth Century B.C.* (Osnabrück 1967[2]).
EstBíb	Estudios Bíblicos (Madrid).
Ges.–B.	W. Gesenius et F. Buhl, *Hebräisches und Aramäisches Handwörterbuch über das Alte Testament* (Leipzig 1921[17]).
Greg.	Gregorianum (Roma).
HUCA	Hebrew Union College Annual (Cincinnati).
ICC	*The International Critical Commentary* (Edinburgh).
IDB	*The Interpreter's Dictionary of the Bible*, 4 vol. (New York).
JAOS	Journal of the American Oriental Society (Boston, New Haven).
JBL	Journal of Biblical Literature (New York, New Haven, Philadelphia).
JEOL	Jaarbericht van het Vooraziatisch Genootschap Ex Oriente Lux (Leiden).
JNES	Journal of Near Eastern Studies (Chicago).
JRAS	The Journal of the Royal Asiatic Society of Great Britain and Ireland (London).

JSS . . . . . . Journal of Semitic Studies (Manchester).
KAI . . . . . H. Donner et W. Röllig, *Kanaanäische und Aramäische Inschriften*, 3 vol. (Wiesbaden 1962-1964).
KB² . . . . . . L. Koehler et W. Baumgartner, *Lexicon in Veteris Testamenti Libros* (Leiden 1958²).
KB³ . . . . . . L. Koehler et W. Baumgartner, *Hebräisches und Aramäisches Lexicon zum Alten Testament*, 1. Lieferung (Leiden 1967³).
LXX . . . . . *Septuaginta* éd. A. Rahlfs (Stuttgart⁶).
NBG. . . . . . *Bijbel. Nieuwe Vertaling in opdracht van het Nederlandsch Bijbelgenootschap* (Amsterdam 1959).
NedTTs . . . . Nederlands Theologisch Tijdschrift (Wageningen).
NWSPJ . . . . M. J. Dahood, « Northwest Semitic Philology and Job », dans J. L. McKenzie éd., *Gruenthaner Memorial Volume* (New York 1962) 55-74.
Or . . . . . . Orientalia (Roma).
Pléiade. . . . . *La Bible. L'Ancien Testament* 2 vol., publiée sous la direction d'E. Dhorme (Bibliothèque de la Pléiade ; Paris 1961-1962).
PNWSP . . . . M. J. Dahood, *Proverbs and Northwest Semitic Philology* (Scripta Pontificii Instituti Biblici, 113 ; Roma 1963).
PPG . . . . . J. J. Friedrich, *Phönizisch–Punische Grammatik* (Analecta Orientalia 32 ; Roma 1951).
PRU II . . . . C. Virolleaud, *Le Palais Royal d'Ugarit II* (Mission de Ras Shamra VII ; Paris 1957).
PRU V . . . . C. Virolleaud, *Le Palais Royal d'Ugarit V* (Mission de Ras Shamra XI ; Paris 1965).
RB . . . . . . Revue Biblique (Paris).
RES . . . . . *Répertoire d'Epigraphie Sémitique* (Paris).
RŠ . . . . . . Ras Shamra, Numéro de Musée.
TM . . . . . . Texte Massorétique.
TS. . . . . . . Theological Studies (Woodstock).
UgLe . . . . . M. J. Dahood, « Ugaritic Lexicography », dans *Mélanges Eugène Tisserant* vol I (Città del Vaticano 1964) 81-104.
UHP . . . . . M. J. Dahood, *Ugaritic–Hebrew Philology* (Biblica et Orientalia, 17 ; Roma 1965).
UL . . . . . . C. H. Gordon, *Ugaritic Literature* (Scripta Pontificii Instituti Biblici, 98 ; Roma 1949).
UT . . . . . . C. H. Gordon, *Ugaritic Textbook* (Analecta Orientalia, 38 ; Roma 1965).
VD . . . . . . Verbum Domini (Roma).
VT . . . . . . Vetus Testamentum (Leiden).
VTS. . . . . . Supplements to Vetus Testamentum (Leiden).
WIANE . . . . *Wisdom in Israel and in the Ancient Near East* éd. par M. Noth et D. Winton Thomas (VTS 3 ; Leiden 1955).
ZAW . . . . . Zeitschrift für die Alttestamentliche Wissenschaft (Berlin).
Zorell . . . . . F. Zorell, *Lexicon hebraicum et aramaicum Veteris Testamenti* (Roma 1954).

Avis au lecteur

La transcription de l'Hébreu est conforme à celle du « Catholic Biblical Quarterly».

Pour les références bibliques on a utilisé les abréviations de la « Bible de Jérusalem».

Les textes d'Ougarit sont cités d'après C. H. Gordon, *Ugaritic Textbook* (Roma 1965).

Bibliographie

Aistleitner, J., *Wörterbuch der ugaritischen Sprache*, éd. par O. Eissfeldt (Berichte über die Verhandlungen der sächsischen Akademie der Wissenschaften zu Leipzig, Philologisch-historische Klasse Band 106, Heft 3 ; Berlin 1963).

Albright, W. F., « The Mouth of the Rivers», *AJSL* 35 (1918-1919) 176-185.

——, « Baal Zephon», dans *Festschrift Alfred Bertholet zum* 80. *Geburtstag* (Tübingen 1950).

——, « Canaanite-Phoenician Sources of Hebrew Wisdom», *WIANE* 1-15.

——, *From the Stone Age to Christianity* (Garden City, New York 1957²).

——, « The Beth-Shemesh Tablet in Alphabetic Cuneiform», *BASOR* 173 (1964) 51-53.

——, *Yahweh and the Gods of Canaan* (London 1968).

Alonso Schökel L., *Estudios de Poëtica Hebrea* (Barcelona 1963).

——, *Proverbios y Eclesiastico* (Los Libros Sagrados ; Madrid 1968).

Barr, J., *Comparative Philology and the Text of the Old Testament* (Oxford 1968).

Barucq, A., *Le Livre des Proverbes* (Sources Bibliques ; Paris 1964).

Bauer, H. et Leander, P., *Historische Grammatik der Hebräischen Sprache* (Hildesheim 1922).

Bogaert, M., « Les suffixes verbaux non-accusatifs dans le sémitique nord-occidental et particulièrement en hébreu», *Biblica* 45 (1964) 220-247.

Boström, G., *Paranomasi i den äldre Hebreiska Maschallitteraturen med särskild hänsyn till Proverbia* (Lund 1928).

——, *Proverbiastudien. Die Weisheit und das fremde Weib in Spr. 1-9* (Lund 1935).

Brekelmans, C. H. W., *Ras Sjamra en het Oude Testament* (Nijmegen 1962).

——, « Pronominal Suffixes in the Hebrew Psalms», *JEOL* 17 (1963) 202-206.

Briggs, C. A., *The Book of Psalms*, 2 vol. (ICC ; Edinburgh 1906-1907).

Bright, J., *Jeremiah* (The Anchor Bible ; Garden City, New York 1965).

Brockelmann, C., *Hebräische Syntax* (Neukirchen 1956).

Casanowicz, E. M., « Paranomasia in the Old Testament», *JBL* 12 (1893) 105-167.

Cooke, C. A., *A Textbook of North Semitic Inscriptions* (Oxford 1903).

Corpus Inscriptionum Semiticarum (Paris 1881 ss).

Cowley, A., *Aramaic Papyri of the Fifth Century B.C.* (Osnabrück 1967²).

Cross, F. M. Jr. et Freedman, D. N., « The Blessing of Moses», *JBL* 67 (1948) 191-210.

——, « On the Origin of the Phoenician Suffix of the Third Pers. Masc. -y», *JNES* 10 (1951) 228-230.

——, *Early Hebrew Orthography: a Study of the Epigraphic Evidence* (New Haven 1952).

Cross, F. M. Jr., « Notes on a Canaanite Psalm in the OT», *BASOR* 117 (1950) 19-21.

Dahood, M. J., « Canaanite-Phoenician Influence in Qohelet», *Biblica* 33 (1952) 30-52 ; 191-221.

——, « Ugaritic *DRKT* and Biblical *DEREK*», *TS* 15 (1954) 627-631.

——, « Ancient Semitic Deities in Syria and Palestine», dans S. Moscati éd. *Le Antiche Divinità Semitiche* (Studi Semitici ; Roma 1958).

——, « The Linguistic Position of Ugaritic in the Light of Recent Discoveries», dans J. Coppens e.a. éd. *Sacra Pagina* (Miscellanea Biblica Congressus Internationalis Catholici de re Biblica ; Louvain 1959) I, 267-279.

——, « The Value of Ugaritic for Textual Criticism», *Biblica* 40 (1959) 160-170.

——, « Immortality in Proverbs 12,28», *Biblica* 41 (1960) 176-181.

——, « Northwest Semitic Philology and Job», dans J. L. McKenzie éd. *The Bible In Current Catholic Thought* (Saint Mary's Theology Studies, 1 ; New York 1962) 55-74.

——, « Qohelet and Northwest Semitic Philology», *Biblica* 43 (1962) 349-365.

——, « Ugaritic Studies and the Bible», *Gregorianum* 43 (1962) 55-79.

——, « Hebrew–Ugaritic Lexicography I», *Biblica* 44 (1963) 289-303.

——, *Proverbs and Northwest Semitic Philology* (Scripta Pontificii Instituti Biblici, 113 ; Roma 1963).

——, « Hebrew–Ugaritic Lexicography II», *Biblica* 45 (1964) 393-412.

——, compte rendu de H. Donner et W. Röllig, *Kanaanäische und aramäische Inschriften*, Or 34 (1965) 84-87.

——, « Hebrew–Ugaritic Lexicography III», *Biblica* 46 (1965) 311-332.

——, « Punic *hkkbm 'l* and Isa 14,13», *Or* 34 (1965) 170-172.

——, *Ugaritic–Hebrew Philology* (Biblica et Orientalia, 17 ; Roma 1965).

——, « Hebrew–Ugaritic Lexicography IV», *Biblica* 47 (1966) 403-419.

——, *Psalms I* (The Anchor Bible, 16 ; Garden City, New York 1966).

——, « Vocative Lamedh in the Psalter», *VT* 16 (1966) 299-311.

——, « Congruity of Metaphors», dans *Festschrift Walter Baumgartner* (VTS 16 ; Leiden 1967) 40-49.

——, « Hebrew–Ugaritic Lexicography V», *Biblica* 48 (1967) 421-438.

——, « A New Metrical Pattern in Biblical Hebrew», *CBQ* 29 (1967) 574-579.

——, *Psalms II* (The Anchor Bible, 17 ; Garden City, New York 1968).

——, « Hebrew–Ugaritic Lexicography VI», *Biblica* 49 (1968) 355-369.

——, « Proverbs 8,22-31. Translation and Commentary», *CBQ* 30 (1968) 512-521.

Delitzsch, F., *Das Salomonische Spruchbuch* (Leipzig 1873).

Dietrich, M. et Loretz, O., « Zur ugaritischen Lexicographie I», *BO* 23 (1966) 127-133.

Dijk, H. J. van, *Ezekiel's Prophecy on Tyre* (Biblica et Orientalia, 20 ; Roma 1968).

Donner, H., « Ugaritismen in der Psalmenforschung», *ZAW* 79 (1967) 322-350.

Donner, H. et Röllig, W., *Kanaanäische und aramäische Inschriften*, 3 vol. (Wiesbaden 1962-1964).

Driver, G. R., « Hebrew Studies», *JRAS* 1948, 164-176.

——, « Problems in the Hebrew Text of Proverbs», *Biblica* 32 (1951) 173-197.

——, *Canaanite Myths and Legends* (Old Testament Studies, III ; Edinburgh 1956).
——, compte-rendu de M. J. Dahood, *Proverbs and Northwest Semitic Philology*, *JSS* 10 (1965) 112-117.
Driver, S. R. et Gray, G. B., *The Book of Job* (ICC ; Edinburgh 1958[3]).
Duesberg, H. et Fransen, I., *Les scribes inspirés. Introduction aux Livres Sapientiaux de la Bible* (Maredsous 1966).
Fitzmyer, J. A., *The Aramaic Inscriptions of Sefîre* (Biblica et Orientalia, 19 ; Roma 1967).
Frankenberg, W., *Die Sprüche* (Handkommentar zum Alten Testament ; Göttingen 1898).
Freedman, D. N., « The Name of the God of Moses», *JBL* 79 (1960) 151-156.
Friedrich, J., *Phönizisch–Punische Grammatik* (Analecta Orientalia, 32 ; Roma 1951).
——, « Punische Studien», *Zeitschrift der deutschen morgenländischen Gesellschaft* 107 (1957) 282-290.
Garbini, G., *Il Semitico di Nord-Ovest* (Napoli 1960).
Gaster, Th. H., *Thespis. Ritual, Myth, and Drama in the Ancient Near East* (Garden City, New York 1961[2]).
Gemser, B., *Sprüche Salomos* (Handbuch zum Alten Testament, 16 ; Tübingen 1963[2]).
Gerleman, G., « Contributions to the Old Testament Terminology of the Chase», *Bulletin de la Société Royale des Lettres de Lund* 4 (1945-1946) 79-90.
Gesenius, W. et Kautzsch, E., *Hebräische Grammatik* (Leipzig 1902[27]).
Gevirtz, S., *Patterns in the Early Poetry of Israel* (Chicago 1964).
Ginsberg, H. L., « Baal's Two Messengers», *BASOR* 95 (1944) 25-30.
Gispen, W. H., *Spreuken* (Korte Verklaring der Heilige Schrift ; 2 vol. ; Kampen 1952).
Goetze, A., « Ugaritic Negations», dans F. F. Hvidberg éd., *Studia Orientalia Joanni Pedersen ... dicata* (Hauniae 1953) 115-123.
Gordon, C. H., *Ugaritic Literature* (Scripta Pontificii Instituti Biblici, 98 ; Roma 1949).
——, *The Common Background of Greek and Hebrew Civilizations* (New York 1965).
——, *Ugaritic Textbook* (Analecta Orientalia, 38 ; Roma 1965).
——, *Ugarit and Minoan Crete* (New York 1966).
——, *Supplement to the Ugaritic Textbook* (Roma 1967).
Gray, J., *The Krt Text in the Literature of Ras Shamra : A Social Myth of Ancient Canaan* (Leiden 1964[2]).
——, *The Legacy of Canaan. The Ras Shamra Texts and Their Relevance to the Old Testament* (VTS 5 ; Leiden 1965[2]).
Habel, N. C., *Yahweh versus Baal : Conflict of Religious Cultures* (New York 1964).
Haupt, P., *The Book of Proverbs* (SBOT ; Leipzig 1901).
Held, M., « The *YQTL-QTL* (*QTL-YQTL*) Sequence of Identical Verbs in Biblical Hebrew and in Ugaritic», dans *Studies and Essays in honor of Abraham A. Neuman* (Leiden 1962) 281-290.

Herdner, A., *Corpus des Tablettes en Cunéiformes Alphabétiques découvertes à Ras Shamra-Ugarit de* 1929 *à* 1939 2 vol. (Mission de Ras Shamra, X; Paris 1963).
Herrmann, W., *Yariḫ und Nikkal und der Preis der Kuṯarāt-Göttinnen. Ein kultisch-magischer Text aus Ras Schamra* (Beihefte zur Zeitschrift für die alttestamentliche Wissenschaft, 106; Berlin 1968).
Huesman, J., « Finite Uses of the Infinitive Absolute », *Biblica* 37 (1956) 271-295.
——, « The Infinitive Absolute and the Waw + Perfect Problem », *Biblica* 37 (1956) 410-434.
Hummel, H. D., « Enclitic MEM in Early Northwest Semitic, especially Hebrew », *JBL* 76 (1957) 85-107.
Jacob, E., *Ras Shamra et l'Ancien Testament* (Neuchâtel–Paris 1960).
——, « Immortality », dans *The Interpreter's Dictionary of the Bible*, II (Nashville 1962) 688-690.
Jean, C.-F. et Hoftijzer, J., *Dictionnaire des Inscriptions Sémitiques de l'Ouest* (Leiden 1965).
Joüon, P., *Grammaire de l'Hébreu biblique* (Roma 1947²).
Kidner, D., *The Proverbs* (The Tyndale Old Testament Commentaries; London 1964).
König, E., *Lehrgebäude der hebräische Sprache* (Leipzig 1881).
Kraus, H. J., *Psalmen* (Biblischer Kommentar Altes Testament, 2 vol.; Neukirchen 1961²).
Labuschagne, « The Emphasizing Particle *gam* and its Connotations », dans *Studia Biblica et Semitica Theodoro Christiano Vriezen ... dedicata* (Wageningen 1966) 193-203.
Langhe, R. de, *Les textes de Ras Shamra-Ugarit et leurs rapports avec le milieu biblique de l'Ancien Testament*, 2 vol. (Gembloux–Paris 1945).
Martinez, E., *Hebrew–Ugaritic Index to the Writings of Mitchell J. Dahood* (Scripta Pontificii Instituti Biblici, 116; Roma 1967).
May, H. G., « The Sacred Tree on Palestine Painted Pottery », *JAOS* 59 (1939) 251-259.
McCarthy, D. J., « Vox bśr praeparat vocem evangelium », *VD* 42 (1964) 26-33.
McDaniel, T. F., « Philological Studies in Lamentations », *Biblica* 49 (1968) 27-53; 199-220.
Mejía, J., « El lamed enfático en nuevos testos del Antiguo Testamento », *EstBib* 22 (1963) 179-190.
Melamed, E. Z., « Breakup of Stereotype Phrases », dans C. Rabin éd., *Studies in the Bible* (Jerusalem 1961) 115-163.
Milik, J. T., « Deux documents inédits du Désert du Juda », *Biblica* 38 (1957) 245-268.
Morgenstern, J., « Psalm 48 », *HUCA* 16 (1948) 1-95.
Moscati, S., *Le Antiche Civiltà Semitiche*, éd. revue (Milano 1961).
Moscati, S. éd., *An Introduction to the Comparative Grammar of the Semitic Languages* (Wiesbaden 1964).
Mulder, M. J., *Kanaänitische Goden in het Oude Testament* (Exegetica, IV 4/5; Den Haag 1965).
Nötscher, F., « Zum Emphatischen Lamed », *VT* 3 (1953) 372-380.

Oesterley, W. O. E., *The Book of Proverbs* (Westminster Commentaries ; London 1929).
Patton, J. H., *Canaanite Parallels in the Book of Psalms* (Baltimore 1944).
Penar, Th., « ' Lamedh Vocativi ' exempla Biblico-Hebraica», *VD* 45 (1967) 32-46.
Ploeg, J. van der, *Spreuken* (De Boeken van het Oude Testament, VIII/1 ; Roermond-Maaseik 1952).
Pope, M. H., *El in the Ugaritic Texts* (VTS 2 ; Leiden 1955).
——, *Job* (The Anchor Bible, 15 ; Garden City, New York 1965).
——, « Marginalia to M. Dahood's *Ugaritic–Hebrew Philology*», *JBL* 85 (1966) 455-466.
Prijs, L., « Ein ' Waw der Bekräftigung ' ?», *BZ* 8 (1964) 105-109.
Pritchard, J. B., *The Ancient Near East in Pictures* (Princeton 1954).
Pritchard, J. B. éd., *Ancient Near Eastern Texts relating to the Old Testament* (Princeton 1955²).
Renard, H., *Le Livre des Proverbes* dans L. Pirot et A. Clamer, *La Sainte Bible VI* (Paris 1946).
Répertoire d'Epigraphie Sémitique (Paris).
Rin, S., « ey as an Absolute Plural Ending», *BZ* 5 (1961) 255-259.
Ringgren, H., *Sprüche* (Das Alte Testament Deutsch ; Göttingen 1962).
Sauer, G., *Die Sprüche Agurs* (Stuttgart 1963).
Schaeffer, C. F. A., « Neue Entdeckungen in Ugarit», *AfO* 20 (1963) 206-215.
Schmid, H. H., *Wesen und Geschichte der Weisheit* (BZAW 101 ; Berlin 1966).
Scott, R. B. Y., *Proverbs. Ecclesiastes* (The Anchor Bible, 18 ; Garden City, New York 1965).
Sola-Solé, J. M., *L'infinitif sémitique* (Paris 1961).
Speiser, E. A., *Genesis* (The Anchor Bible, 1 ; Garden City, New York 1964).
Sperber, A., *A Historical Grammar of Biblical Hebrew* (Leiden 1966).
Story, C. I. K., « The Book of Proverbs and Northwest-Semitic Literature», *JBL* 64 (1945) 319-337.
Thomas, D. Winton, « Textual and Philological Notes on Some Passages in the Book of Proverbs», *WIANE* 280-292.
——, « *b^eliyya'al* in the Old Testament», dans *Biblical and Patristic Studies in Memory of Robert Pierce Casey* (Freiburg 1963) 11-19.
Tournay, R., « Relectures bibliques concernant la vie future et l'eschatologie», *RB* 69 (1962) 481-505.
——, « Proverbes 1 – 9. Première Synthèse théologique de la tradition des Sages», *Concilium* 20, 49-56.
Toy, C. H., *The Book of Proverbs* (ICC ; Edinburgh 1959⁵).
Vattioni, F., « Saggezza e Creazione in Prov 3,19-20», *Augustinianum* 6 (1966) 102-105.
Vaux, R. de, *Les Institutions de l'Ancien Testament* 2 vol. (Paris 1958-1960).
Virolleaud, C., *Le Palais Royal d'Ugarit II* (Mission de Ras Shamra, VII ; Paris 1957).
——, *Le Palais Royal d'Ugarit V* (Mission de Ras Shamra, XI ; Paris 1965).
Weiden, W. A. van der, « ' Abstractum pro concreto ', phaenomenon stilisticum», *VD* 44 (1966) 43-52.
——, « Radix hebraica *'rb*», *VD* 44 (1966) 97-104.

Wernberg-Møller, P., « ' Pleonastic ' Waw in Classical Hebrew», *JSS* 3 (1958) 321-326.

Whybray, R. N., *Wisdom in Proverbs. The Concept of Wisdom in Proverbs 1 – 9* (Studies in Biblical Theology, 45 ; London 1965).

Wolff, H. W., *Hosea* (Biblischer Kommentar Altes Testament ; Neukirchen 1961).

Woude, A. S. van der, « Wat is de betekenis van 'ĀBNĀYÎM in Exodus 1,16 ?», *NedTTs* 20 (1965s) 249-252.

Würthwein, E., *Der Text des Alten Testaments* (Stuttgart 1963²).

Yasin, I., *The Lexical Relation between Ugaritic and Arabic* (New York 1952).

Notes philologiques

Prov 1,11

'im-yō'm^{e}rû l^{e}kâ 'ittānû
ne'erbâ l^{e}dōm (TM *l^{e}dām*) *niṣp^{e}nâ l^{e}nāqî ḥinnām*
S'ils disent : « Viens donc avec nous,
embusquons-nous silencieusement,
guettons l'innocent à la dérobée ».

Pour *ḥinnām* M. Dahood ([9]) a proposé la version « Stealthily ; à la dérobée, en cachette » comme en Ps 35,7 et Prov 1,17. Dans ces trois cas il s'agit d'une métaphore, empruntée à la chasse. Parallèle à *ḥinnām*, *ldm* ne signifie pas nécessairement « pour verser du sang », mais peut être l'infinitif construit de *dmm* I, précédé de la préposition *l^{e}*, et exprimant une circonstance qui spécifie l'action du verbe principal ([10]). On pourrait alors traduire « en gardant le silence ; silencieusement » ([11]).

C'est vraisemblablement le même verbe et avec la même construction que l'on trouve en Mi 7,2 ; Prov 1,18 et Si 11,30 :

Mi 7,2 *kullām lidmōm* (TM *l^{e}dāmîm*) *ye'ĕrōbû*
'îš 'et-āḥîhû yāṣûdû ḥērem

La Vulgate, qui rend généralement l'expression *'rb ldm* par « insidiari sanguini » on « insidiari contra sanguinem », traduit ce verset de Mi-

---

([9]) *Psalms I* 211.
([10]) Joüon, *Grammaire* § 124l.
([11]) Bien qu'ils aient vu l'affinité des versets 11 et 18, plusieurs commentateurs proposent néanmoins la lecture *l^{e}tām*, qui correspondrait mieux au *nāqî* de 11b. Ainsi : Toy, *Proverbs* 15, qui écrit : « The Heb. text instead of *perfect* has *blood*, and at the end of the verse adds *without cause* ; the first emendation (requiring the change of one Heb. letter) is called for by the parallelism, and the addition *without cause* is superfluous, since the victims are described as innocent ».

chée : « Omnes *in sanguine* insidiantur, vir fratrem suum ad mortem venatur». Mais si l'on considère *ldmm* comme un infinitif de circonstance comme en Prov 1,11, on obtient la version :

Tous s'embusquent silencieusement
Chacun cherche à prendre son frère dans un filet.

Prov 1,18 w*ᵉhēm lidmōm* (TM *lᵉdāmām*) *ye'ĕrōbû*
yiṣpᵉnû lᵉnapšōtām
Et les voilà qui s'embusquent silencieusement
Ils sont à l'affût contre eux-mêmes.

Comme en Prov 1,19 il y a ici un parallélisme opposé (12) : les malfaiteurs tendent leur piège, mais finalement eux-mêmes y sont pris.

Si 11,30(32) *w'yš bly'l ldm y'rb*
Et le malfaiteur s'embusque silencieusement

Dans tous ces textes la métaphore est celle de la chasse *'rb ldm* pourrait donc bien être une expression technique, empruntée à la chasse, plutôt que l'expression elliptique : guetter pour (verser) du sang.

Prov 1,12

niblā'ēm kiš'ôl ḥayyîm
ûtᵉmîmîm kᵉyôrᵉdê bôr
Engloutissons-les vifs, comme (fait) le Shéol
Tout entiers, comme (font) ceux qui sont descendus dans la fosse

La construction de ce verset, a + b + c // c′ + b′, suggère que les *yôrᵉdê bôr* ne sont pas « ceux qui descendent dans la fosse», selon la traduction habituelle, mais plutôt « ceux qui sont descendus dans la fosse», comme souvent ailleurs, p.e. Ps 28,1 ; 30,4 ; Ez 32, passim.

(12) On pourrait toutefois ne considérer *lᵉnapšōtām* que comme le pluriel *lᵉnapšōt*, suivi d'un mem-enclitique, ce qui changerait le parallélisme et relierait plus étroitement ce verset au v. 11 :
Et les voilà qui s'embusquent silencieusement,
Ils guettent les vivants.
La proximité du v 19 recommande cependant la solution donnée ci-dessus.

En considérant Ps 30,4 ; Prov 1,12 et Ez 32, on peut même penser que l'expression *yôr ᵉdê bôr* est devenue comme une nouvelle manière de désigner le Shéol : « l'assemblée des morts ». Le parallélisme de Ps 30,4 confirme cette impression : « O Jahweh, tu m'as relevé du Shéol (*min-šᵉʾôl*), tu m'as redonné la vie loin de ceux qui sont descendus dans la fosse (*miyyôr ᵉdê-bôr*) ». Et on peut comparer Ps 88,5 « Je fus compté parmi ceux qui sont descendus dans la fosse » ([13]) avec *UT* texte 51,VIII,8-9 *tspr byrdm arṣ* : « sois compté parmi ceux qui sont descendus aux enfers » ([14]). (Noter dans ce texte ougaritique le mem-enclitique en chaîne construite). ([15])

Si *yôr ᵉdê bôr* n'est qu'un autre terme pour désigner le Shéol on comprend que le sage ait pu utiliser ici l'image du monstre vorace. En effet, dans la littérature ougaritique et hébraïque ([16]) cette image revient souvent pour décrire la mort ; voir p.e. *UT* texte 67,I,6-7 *lyrt bnpš bn ilm mt* : « descend dans la gueule du fils d'El, Môt ».

Ce verset est un bel exemple du phénomène stylistique « Ballast Variant » : une expression importante du premier stique, qui n'a pas de contrepartie dans le deuxième, y est presque toujours compensée par d'autres expressions, généralement plus longues que leur parallèles du premier stique ([17]). Ici le verbe *niblāʿēm* est compensé par *kᵉyôr ᵉdê bôr* qui est plus long que *kiš ʾôl*.

Prov 1,17

kî-ḥinnām mᵉzōrâ hārāšet
bᵉʿênê kol-baʿal kānāp
Bien sûr, le filet est étendu à la dérobée
Invisible à toute la gent ailée.

([13]) La Bible de Jérusalem ne rend pas explicitement cette nuance — un individu ajouté à un groupe — quand elle traduit : « déjà compté comme descendu dans la fosse ». « Comme *un* descendu » serait mieux.

([14]) On peut s'étonner que ni Gordon *UT* Glossary 376, ni Aistleitner, *Wörterbuch* 420 n'aient donné la signification «enfers» de *arṣ*. Des textes comme 51,VIII,8-9 et 67,V,15-16 ne peuvent être expliqués autrement. En outre, F. M. de Liagre-Böhl, *Opera Minora* (Groningen 1953) 517 a donné la même signification à *erṣitu* des lettres d'El Amarna et les dictionnaires hébreux ont toujours noté cette signification de *ʾereṣ*. (Pour une bibliographie récente, voir KB^3 88 et M. Dahood, *PNWSP* 52.)

([15]) A ce sujet voir le commentaire de Prov 4,1.

([16]) Cf. Th. H. Gaster, *Thespis* (New York 1961^2) 206 ; M. Dahood, *Psalms I* 105.

([17]) Pour une discussion de ce phénomène, voir la note de Prov 6,5.

*m*ᵉ*zōrâ* est participe pual de *zrh* (Ges.–B ; Zorell) ; il n'est pas nécessaire de supposer une racine *mzr*, comme le fait BH et comme KB le faisait dans sa deuxième édition : le verbe *prś* montre qu'un seul verbe peut bien rendre à la fois les deux nuances « étendre » et « disséminer ». Noter aussi le substantif *zeret* (18), qui signifie « la mesure qu'on obtient en étendant la main ; l'empan ». L'hapaxlegomenon *māzôr*, auquel les dictionnaires ne donnent pas de signification précise, serait peut-être à relier à la racine *zrh*, qui est employée ici dans un contexte de chasse. Il s'agirait alors d'un instrument de chasse qu'on peut étendre « piège, filet ». De fait, la LXX et le Targum l'ont compris ainsi :

Ab 7 *yāśîmû māzôr taḥtèkā*
Ils te mettent un piège sous les pieds.

La version de Prov 1,17a, proposée par D. Winton Thomas (19), « the net is strewn with seed » romp l'unité de la péricope Prov 1,10-19 et ne tient pas compte de la signification exacte de *b*ᵉ*ʿênê*. Pour *ḥinnām* « à la dérobée », voir ci-dessus Prov 1,11.

*b*ᵉ*ʿênê* : la préposition *b*ᵉ exprime i'idée de distance : « hors des yeux : invisible ». L'expression a le même sens en Ps 15,4 (20).

On trouve des idées semblables en Jb 28,21 et Lm 3,52 :

Jb 28,21 *w*ᵉ*neʿelmâ mēʿênê kol-ḥāy*
ûmēʿôp haššāmayim nistārâ
Elle (la Sagesse) se dérobe aux yeux de tout vivant (21)
Elle se cache aux oiseaux du ciel.

---

(18) C. H. Gordon, *UT* 30 n. 2 et Glossary 710 et M. Dahood, *UHL* 7s cherchent l'explication de l'ougaritique *drt* dans l'hébreu *zeret*. Contre cette explication M. H. Pope *JBL* 85 (1966) 456 et M. Dietrich – O. Loretz, *BO* 23 (1966) 129 ont montré qu'en *UT* textes 1098 et 2013 tout le contexte impose une signification du genre « blé, nourriture ». Le premier cite l'arabe *ḏurrat* et l'hébreu *śwrh* (Is 28,25) tandis que les derniers proposent l'affinité de l'akkadien *diru('u)*.

(19) *WIANE* 281s. Cette version a été accepté par KB³. Comparer Oesterley, *Proverbs* 9 : « The Sept. reads : 'For not in vain' ; the negative was no doubt added in order to make the v. more in accord with actual fact, for generally speaking it is not in vain that the net is spread, whether in the sight of a bird or not ».

(20) Voir M. Dahood, *Psalms I* 84.

(21) Peut-être : « aux yeux de toute bête » : *ḥayyā, scriptio defectiva.*

Lm 3,52 *ṣôd ṣādûnî kaṣṣippôr 'ōyᵉbay ḥinnām*
En cachette, mes ennemis me font la chasse comme à un oiseau.

Prov 1,19

kēn 'ārᵉḥôt kol-bōṣēaʿ bāṣaʿ
'et-nepeš bᵉʿālāyw yiqqāḥ
Tels sont les cheminements de quiconque amasse la rapine
Elle prend la vie de ceux qui la commettent.

BH³, Toy, Gemser, BJ, Scott proposent *kēn 'aḥărît* au lieu de *kēn 'ārᵉḥôt.* Ceci est discutable d'autant plus que cette expression se retrouve en Jb 8,13, où l'on applique la même correction.

kol-bōṣēaʿ bāṣaʿ : quiconque amasse la rapine / quiconque coupe la trame (de la vie). En fait, on peut se demander si l'auteur n'a pas consciemment employé cette expression ambigue, vu le contexte qui parle à la fois de meurtre et de butin (vv. 12-14.18). La signification du verbe *bṣʿ* « couper la trame = tuer» est la même qu'en Jb 27,8 (qal) ; Jb 6,9 et Is 38,12 (piel). Ce verbe *bṣʿ* figure aussi dans le texte ougaritique 67,I,21 — le contexte parle de manger et boire — : Aistleitner « zerreissen» ; Albright (22) « to cut off (life)».

bᵉʿālāyw : selon Frankenberg cette parole indiquerait une relation intérieure permanente, ce qui donne précisement la nuance voulue : un « vrai» brigand ou un « vrai» meurtrier. Plusieurs auteurs pensent cependant devoir changer la première lettre en *p* pour traduire « ceux qui le pratiquent». Mais cette correction semble superflue puisqu'il y a en Hébreu, en Phénicien et en Ougaritique des formes dialectales, où le *p* et le *b* sont interchangeables. Dans son compte-rendu de *PNWSP* (23), L. Hartman rejette ce phénomène de forme dialectale ; il pense que la nature et la place de ces dialectes, qui ont sûrement existé, sont trop mal connues pour qu'on puisse en tirer des conclusions comme ces interversions de *p* et *b* et de *d* et *z.* Mais le nombre des exemples augmente sans cesse. Ainsi, pour l'Ougaritique, *šbḥ* et

(22) Dans *BASOR* 83 (1941) 42 n. 30 Albright signale que le verbe *bṣʿ* est employé avec le même sens en Jb 27,8 et Is 38,12, sans mentionner Jb 6,9 et Prov 1,19.

(23) Dans *CBQ* 26 (1964) 104-106 ; cf. la réponse de M. Dahood *Biblica* 46 (1965) 320, où il note d'autres exemples de *bʿl* = *pʿl* : Is 1,31 ; 54,5 ; Jb 31, 39 ; Prov 3,27 ; Qo 8,8.

šph « famille » ; *lbš* et *lpš* « vêtement » ([24]) ; *nbk* et *npk* « couler » ; *ṯbṭ* et *ṯpṭ* « gouverner » ; *bky* et *pky* « pleurer » ; *ḫbṯ* et *ḫpṯ* « soldat » ; *sbsg* et *spsg* « glaçure ». Et du Phénicien on peut citer *'lb* et *'lp* « instruire » ; *nbš* et *npš* « âme » ([25]). Appliquer un tel procédé au TM ([26]) doit être fait prudemment, certes, mais c'est aller trop loin que de l'appeler « anarchique » ([27]).

Prov 1,20

ḥokmôt baḥûṣ tārōnnâ
bārᵉḥōbôt tittēn qôlāh
La sagesse crie à haute voix dans la rue
Sur les places elle élève la voix.

M. Dahood ([28]) a expliqué la forme *tārōnnâ* comme une *forma energica* ([29]) ; la suggestion a été acceptée par R. Scott.

On corrige souvent *baḥûs* pour la conformer à *bārᵉḥōbôt*, en lisant *baḥûsôt rānnāh* ou en supposant l'haplographie du *t* par « emendation simple » ([30]). Toutefois, le même parallélisme revient, avec les mêmes mots en Prov 7,12 et Jr 9,20, où l'haplographie est absolument impossible.

Noter la présence du « Ballast Variant » dans ce verset a + b + c // b' + c'. Le sujet *ḥokmôt* n'a pas de parallèle dans le deuxième stique. Cette absence est, toutefois, compensée par l'expression *tittēn qôlāh*, plus longue que *tārōnnâ*. Pour ce phénomène voir la discussion de Prov 6,5.

Prov 1,26

gam-'ănî bᵉ'êdᵉkem 'eśḥāq
'elʿag bᵉbō' paḥdᵉkem

([24]) Gordon, *UT* § 5.28.

([25]) Cf. J. J. Friedrich, PPG § 40. Ce même changement de *p* en *b* continue en Punique.

([26]) Pour l'application de ce principe à l'Hébreu de la Bible, voir M. Dahood, *PNWSP* 10s ; 24 ; 32s et 43. Un autre exemple se trouve probablement en Prov 22,8.

([27]) L. Hartman, *CBQ* 26 (1964) 106.

([28]) *PNWSP* 3s.

([29]) Voir pour une discussion de cette forme Prov 5,22.

([30]) Ainsi Toy, *Proverbs* 30. Il accepte ce changement, qui sauvegarde le parallélisme des substantifs, mais qui, reconnaît-il, fait perdre celui des verbes. Le même rapport se trouve, au pluriel, p. e. en Na 2,5.

Moi, à haute voix je rirai de votre malheur
Je me moquerai quand viendra sur vous l'épouvante.

A partir de 1960, ayant appliqué pour la première fois la signification de l'ougaritique *gm* « à haute voix» à la particule *gam* de Ps 137,1 ([31]), M. Dahood proposa encore ce sens dans d'autres textes ([32]), où il s'agit des verbes « parler, pleurer, faire de la musique». Gordon ([33]) a accepté l'explication de Ps 137,1 et KB³ la considère comme possible ([34]). D. Beirne ([35]) a adopté ce sens pour Nb 11,4 et D. N. Freedman ([36]) pour Jb 2,10.

H. L. Ginsberg ([37]) et C. Gordon ([38]) complètent 2 Aqht, VI,41 : [*g*]*m tṣḥq ʿnt* ([39]). Ginsberg traduit : « Loudly Anat laughs» et ajoute la note suivante : « If correct this is the only passage where *gm* is used with any other verb than *ṣ-ḥ*».

Si l'on accepte la signification archaïque de *gam* en Hébren ([40]), on pourrait se demander si notre verset ne renforce pas la conjecture de Ginsberg : il s'agit en Prov 1,26 comme en 2 Aqht,VI,41 d'une certaine joie maligne de celle qui se sait la plus forte, malgré ce que suggèrent les versets précédents ([41]). La signification *gam* « à haute

([31]) *CBQ* 22 (1960) 402 n. 7.

([32]) *Gregorianum* 31 (1962) 70 : Jr 48,2 ; Is 13,3. — *UgLe* 86 : Is 66,8 ; Ps 85,13 ; Ne 3,35. — *Biblica* 45 (1964) 283. — *Biblica* 45 (1964) 399 : Ps 71,24.

([33]) *UT* Glossary 547.

([34]) KB³ (« Nachträge und Berichtingen») page L.

([35]) *Biblica* 44 (1963) 203.

([36]) Communication privée à M. Dahood, cité par celui-ci *UgLe* 86 n. 17.

([37]) *BASOR* 98 (1945) 22.

([38]) *UT* p. 249.

([39]) Cf. A. Herdner, *Corpus* 83 n. 20 : « Compléter peut-être avec Ginsberg et Gordon [*g*]*m tṣḥq ʿnt*».

([40]) G. J. Labuschagne, « The Emphasizing Particle *gam* and its Connotations» dans *Studia Biblica et Semitica Theodoro Christiano Vriezen ... dedicata* (Wageningen 1966) 193-203, spéc. 195 : « The two words [c.à.d. oug. *gm* et hébr. *gam*] are indeed cognate, but in Ugaritic it retained its original meaning without developing any further (at last so far as our sources allow us to say), while in Hebrew it had a long course of development. As will be shown presently, the function of *gam* as an emphasizing particle is a further development of the word *gam* which has its original meaning preserved in Ugaritic».

([41]) Svi Rin, et Shifra Rin ont admis cette signification de *gam* pour le présent verset dans *BZ* 11 (1967) 185. Dans *Biblica* 49 (1968) 31s, T. F. McDaniel accepte *gam* « à haute voix» pour Lam 1,8. En note, il propose également cette version pour Prov 1,26 et Prov 21,13. Il traduit ce dernier verset : « He

voix» donnerait du relief à l'opposition entre la manière d'agir des insensés et celle de la Sagesse. Une telle opposition pourrait alors remplacer celle que mettait en évidence le sens généralement adopté : « à mon tour». On retrouve quelque chose d'identique en Prov 14, 13 : « Après le grand-rire (*gam-biśḥōq*) le cœur s'attriste, et la fin de la joie est douleur» (voir la discussion de ce verset). Naturellement on peut dire que l'hébreu *gam* a évolué progressivement, à partir du sens original « à haute voix», qu'on trouve en Ougaritique, jusqu'à devenir une particule emphatique ; mais cela suffit-il pour affirmer que ce sens original ne serait plus jamais présent, pas même avec des verbes comme « parler, pleurer, rire»? Une telle prise de position ne semble pas prudente a priori, surtout si l'on considère la quantité de matière « archaïque» qu'utilisent les livres poétiques, notamment le Livre des Proverbes.

Prov 2,7s

w^{e}ṣāpan layšārîm tûšiyyâ
māgēn l^{e}hōl^{e}kê tōm
l^{e}nōṣēr (!) *'ār^{e}ḥôt mišpāṭ*
w^{e}derek ḥăsîdāyw yišmōr
Pour les hommes droits il tient le succès en réserve,
Des dons pour ceux qui sont intègres ;
Vraiment, il protège les sentiers de ses justes,
Et sur le chemin de ses dévots il veille.

māgēn : en rattachant ce terme à la racine *mgn* « faire cadeau», on pourrait proposer la version « don, cadeau», parallèle à *tûšiyyâ* « succès». Une autre possibilité a été offerte par M. Dahood ([42]), qui, en 1966, a proposé la vocalisation *māgān*, titre divin « Souverain, Bienfaiteur» : « Pour les hommes droits il tient le succès en réserve, il est Bienfaiteur de ceux qui sont intègres». Bien que ce titre divin soit

---

who closes his ear to the cry of the poor will himself cry out loud but he will not be heard/answered».

([42]) *Psalms I* 16s. Cf. Oesterley, *Proverbs* 15 : « *He is a shield* : ' He is ' is not expressed in Hebr. ; one would expect a verb, and the Versions have a verb or a participle ; but the form of the Hebr. word can only be a noun. Cf. Pss. 33,20 ; 84,12 ; 89,19». Les deux derniers versets, cités par Oesterley, sont précisément les deux textes les plus clairs, car en Ps 84,12 *māgān* est en parallélisme avec *šemeš*, titre du Pharaon et du Grand-Roi des Hittites dans les lettres d'Ougarit et de Tell El Amarna, et en Ps 89,19 *m^{e}gānēnû* // *malkēnû*.

assez fréquent, la construction du verset (a + b + c // c′ + b′ : chiasme et « Ballast Variant ») appuie quelque peu la version inhabituelle de *māgēn* « don, cadeau ».

Pour la vocalisation du premier mot de 2,7 J. Huesman ([43]) a proposé *wᵉṣapōn*, infinitif absolu employé comme *verbum finitum*. La version reste la même.

Nous suivons la suggestion de P. Haupt ([44]) quant à la vocalisation de *nōṣēr* et quant au lamed qui serait emphatique.

'ārᵉḥôt mišpāṭ : « les sentiers de ses justes », litt. : « les sentiers de la justice ». Le terme abstrait *mišpāṭ* reçoit un sens concret du terme parallèle *ḥăsîdāyw* ([45]). Par le principe d'ellipse, qui sera traité à propos de Prov 5,16, le suffixe de *ḥăsîdāyw* exerce sa fonction sur le terme parallèle *mišpāṭ*.

Noter aussi le chiasme de Prov 2,8 : a + b // b′ + a′.

Prov 2,14

haśśᵉmēḥîm laʿăśôt rāʿ
yāgîlû bᵉtahpukôt rēaʿ (!)
Qui trouvent leur joie à faire du mal
Qui se complaisent dans des actions
perverses contre le prochain.

On a souvent mal compris le deuxième *rʿ*. Parfois on l'omet comme superflu (BH³), ce qui est impossible car il figure dans toutes les

([43]) *Biblica* 37 (1956) 292. Pour une discussion de l'infinitif absolu voir note Prov 3,12.

([44]) *The Book of Proverbs* (SBOT ; Leipzig 1901) 52. Cf. M. Dahood, *PNWSP* 8. Le *lamed emphaticum* est traité à propos de Prov 8,3.

([45]) Pour ce phénomène, commun aux poésies ougaritique et hébraïque, voir W. A. van der Weiden, « ' Abstractum pro concreto ', phaenomenon stilisticum », *VD* 44 (1966) 43-52. Parmi les exemples ougaritiques traités, citons :
62,48s (*ḥbr* // *dʿt*)
68,8s ; ʿnt,III,34s (*ib* // *ṣrt*)
137,22 (*mlak* // *tʿdt*)
et parmi les exemples hébreux :
Prov 22,12 (*dāʿat* // *bōgēd*)
Ps 54,9 ; 138,7 (*ṣārâ* // *'ōyᵉbay*)
Ps 22,29 (*mᵉlûkā* // *mōšēl*)
Ps 36,12 (*ga'ăwâ* // *rᵉšāʿîm*)
Ps 37, 28 (qui a les mêmes paroles parallèles que Prov 2,8 : *mišpāṭ* // *ḥăsîdāyw*), etc.

versions anciennes. La difficulté provient de ce que Prov 8,13 et 16,30 offrent le parallélisme *tahpukôt* // *rāʿ* : un redoublement ne serait donc pas probable. Toy (46) cite Dyserinck qui, en 1883, a proposé la vocalisation *rēaʿ*, mais il la rejette, parce que l'expression : « les perversités d'un autre » serait « hardly possible ». Si l'on comprend *bᵉtahpukôt rēaʿ* comme génitif objectif (47), on obtient en fait un bon résultat. L'auteur recourt à un jeu de mots, qu'on retrouve en Prov 3,29 et Ps 15,3.

Prov 2,15

'ăšer 'ārᵉḥōtêhem ʿiqqᵉšîm
ûnᵉlôzîm bᵉmaʿgᵉlôtām
Dont les sentiers sont tortueux
Et les sentes déviées.

Beaucoup de commentateurs ne savent pas comment rendre compte du *b* de *bᵉmaʿgᵉlôtām* : certains, p.e. BH et Toy, l'omettent en suivant la LXX et le Targum, d'autres, comme Barucq ou Scott, le suppriment sans explication. Au nom d'un meilleur parallélisme, on pourrait considérer le *b* de 15b comme influençant le mot parallèle de 15a selon le principe d'ellipse, bien connu maintenant (48) ; mais cette solution n'est pas satisfaisante. La version proposée ci-dessus prend le *b* comme une particule emphatique, qui donne un peu plus d'accent à la dernière parole d'une petite section (vv 12-15). Le beth-emphatique se trouve p.e. en Ps 12,6 et 29,4 (49).

Une autre solution, très différente, pourrait être prise en considération : le sens du verbe *lûz* est « s'éloigner de » (cf. Prov 3,21 ; 4,21). Se basant sur le parallélisme et sur la version de la LXX de Ps 65,12, M. Dahood (50) a proposé *maʿgᵉlê* « pâturages, champs ». Il s'agirait d'un terme du « Wortfeld » de la description de la vie dans l'au-delà. Si *maʿgᵉlôt* correspondait à ce *maʿgᵉlê*, et si l'on donne à la préposition *bᵉ* le sens d'éloignement, on obtient la version suivante :

(46) *The Book of Proverbs* 50.
(47) Cf. Joüon, *Grammaire* § 129ᵉ qui donne une série d'exemples v.g. Ab 10 *ḥāmas 'āḥîkā* « l'injustice contre ton frère » ; Is 32,2 *sēter zerem* « abri contre la pluie ».
(48) Voir la discussion à propos de Prov 5,16.
(49) Cf. M. Dahood, *Psalms I* 177, qui en donne une série d'exemples.
(50) *Psalms I* 146.

Dont les sentiers sont tortueux
et s'éloignent des Pâturages.

Si cette version était acceptée, on aurait une belle section tripartite (vv. 12-22) :

a) la Sagesse libère des malfaiteurs, dont les sentiers s'éloignent des Pâturages (vv. 12-15) ;
b) elle libère de « l'étrangère », chez qui on perd l'espoir d'une survie heureuse (vv. 16-19) (51) ;
c) elle aide à prendre la bonne route qui permettra d'« habiter la terre », dont les méchants seront retranchés (vv. 20-22) (52).

Prov 2,18s

Pour la discussion de ces versets, voir *UHP* 19. *bêtāh* : « dans sa maison ». A propos de cette traduction, on pourrait probablement corriger le commentaire de W. Röllig, *KAI* 115 : *šlm bdʿštrt ... 'yt ndr' bt bʿl 'dr* : « BRʿŠTRT ... accomplit son vœu dans le temple de Baal Addir ». Il se demande, s'il s'agit d'une haplographie du *b*. Il fait allusion à *KAI* 78, qui parle dʿune stèle érigée *bqdš bʿl ḥmn* « dans le sanctuaire de Baal Hammon ». Or, il ne s'agit pas d'une haplographie, mais d'une omission normale du *b* devant *bêt* comme souvent en Hébreu et en Ougaritique : cf. 2 R 11,3.15 *bêt YHWH* « dans le temple de Jahweh ».

Prov 3,3a

ḥesed we'ĕmet 'al-yaʿazbūkā
Bienveillance et fidélité ne tc quittent pas.

Les commentateurs ont constaté une relation étroite entre Prov 3,1-4 et Dt 6 : le vocabulaire est très semblable et on retrouve dans

(51) Voir *UHP* 19 pour une discussion de ces versets.

(52) La section 2,12-22 est très bien composée : les deux parties négatives de 8 stiques chacune sont suivies d'une partie positive de 6 stiques ; après les deux prépositions « légères » *l^e*, la troisième partie débute par la préposition « lourde » *l^emaʿan* ; les deux parties négatives sont introduites par *l^ehaṣṣîl^ekā min*, le deuxième stique commence par *min*, le troisième stique spécifie la (les) personne(s) dont on est sauvé par un participe, qui dans le quatrième stique est continué par une forme finie.

l'un comme dans l'autre la relation entre l'observation de la loi et sa récompense. Cette relation est exprimée deux fois en Prov 3,1-4 :

observation	1a + 1b	3b + 3c
récompense	2a + 2b + 3a	4a + 4b

Plusieurs ont été génés par le tristichon v 3. Ils considèrent alors 3c comme une addition ultérieure, empruntée au Prov 7,3. Ce dernier stique du v 3 ne pose pourtant pas de difficulté insurmontable, mais il faut auparavant reconsidérer la place de 3a. En Prov 7,3 ; Dt 6, 8s ; Jr 31,33 les verbes *qšr* et *ktb* ont pour objet des préceptes, des lois et jamais des vertus comme « bienveillance et fidélité ». Il est donc vraisemblable que les suffixes verbaux de 3b et 3c se réfèrent à *tôrātî* et *miṣwōtay* du v 1. Dans ce cas 3,3a serait à relier à 3,2 comme récompense de l'observation des préceptes. On s'attendrait peut-être à *lō'-ya'azbūkā*, mais les exemples de Joüon, *Grammaire* § 114k prouvent qu'on peut défendre *'al* ici.

ḥesed we'ĕmet ne sont pas des vertus humaines, mais plutôt des manifestations de l'attitude de Dieu vis à vis des hommes. Si l'on compare ce stique avec Ps 40,12 et 61,8, où on trouve les mêmes paroles dans un contexte presque identique, on pense facilement à la métaphore des deux compagnons, qui fait écho à une donnée de la mythologie cananéenne (53). Ils seraient les deux servants que Jahweh met à la disposition de ses fidèles.

Prov 3,4

ûm^{e}ṣā'-ḥēn w^{e}śēkel-ṭôb
b$^{e'}$ênê 'elōhîm w$^{e'}$ādām
Et tu trouveras faveur et heureux succès
Aux yeux de Dieu et des hommes.

La réminiscence de ce verset en Lc 2,52 a été remarquée par beaucoup de commentateurs, mais ils ne notent pas qu'on trouve à peu près la même expression dans une inscription phénicienne à Memphis (du deuxième ou du premier siècle avant J.-C.) (54) : [*wy*]*tn lm ḥn wḥym l'n 'lnm wbn 'dm* : « Et qu'ils (les dieux) leur donnent faveur et vie aux yeux des dieux et des fils d'homme ».

(53) Cf. H. L. Ginsberg, « Baal's Two Messengers », *BASOR* 95 (1944) 25-30. Th. H. Gaster, *Thespis* (New York 1961²) 157s.

(54) *KAI* 48,4. Cf. *KAI* 10,9s, cité dans la discussion de Prov 3,22.

Prov 3,5s

b^{e}ṭaḥ 'el-YHWH b^{e}kol-libbekā
w^{e}'el-bînāt^{e}kā 'al-tiššā'ēn
b^{e}kol-d^{e}rākèkā dā'ēhû
w^{e}hû' y^{e}yaššēr 'ōr^{e}ḥōtèkā
Confie-toi en Jahweh de tout ton cœur
Et ne t'appuie pas sur ton intelligence ([55]) ;
Sur toutes tes routes sache Le connaître
Et Il aplanira tes sentiers.

La métaphore qui est à la base de ces deux versets semble bien être celle du pasteur, qui guide les brebis et les fait marcher sur la meilleure route. On doit chercher son refuge et son soutien auprès de Jahweh (*š'n* ; cf. Ps 23, le psaume de Jahweh-Pasteur, où au v. 4 on parle de la houlette, *maš'ēnâ*, de Jahweh).

La forme verbale *d'hw* peut dériver de *yd'* « connaître » ou de *d'h* « chercher ». Pour la première possibilité on pourrait signaler Jn 10, 14 : « Je suis le bon pasteur, je connais mes brebis et *mes brebis me connaissent* », tandis que l'autre racine a été mise en évidence par D. Winton Thomas ([56]) en Prov 24,14 et acceptée par KB^{3}.

Prov 3,7

sûr mērā'
écarte-toi du mal.

Cette expression est importante pour la version de Prov 22,3 (= 27,12) : *'ārûm rā'â rā'â w^{e}yistār* « l'homme prudent voit le danger et s'écarte » selon la version proposée par M. Dahood ([57]), qui consi-

([55]) Une autre possibilité se présente pour la version de ce stique : *w^{e}'el-bînāt ki 'el tiššā'ēn* : « Et appuie-toi sur l'intelligence même de Dieu ». *ki* (*scriptio defectiva*) serait particule emphatique. Le nom divin complet Jahweh – El (il apparaît p.e. en Ps 10,12 ; 31,7) serait divisé en deux pour unir davantage les deux stiques, comme p.e. en Ps 18,3 : « *Jahweh* est mon roc et ma forteresse, mon libérateur est mon *Dieu* » ; Ps 39,13 : « Ecoute ma prière, *Jahweh*, et prête l'oreille à mon cri, *Dieu* ».

Cf. E. Z. Melamed, « Breakup of Stereotype Phrases », dans C. Rabin éd., *Studies in the Bible* (Jerusalem 1961) 115-163 ; D. N. Freedman, « The Name of the God of Moses », *JBL* 79 (1960) 151-156 ; F. M. Cross, Jr., *HTR* 55 (1962) 250ss.

([56]) *WIANE* 285s.

([57]) *PNWSP* 45s.

dère *w^e yistār* comme forme verbale avec *t-infixum* [58] de la racine *sûr*. Dans son commentaire de Prov 22,3 A. Barucq ne l'accepte pas, mais des expressions comme *sûr mērā'* ici et en Jb 28,28 ; Ps 34,15 ; *sār mērā'* en Prov 14,16 et *hāsēr ragl^e kā mērā'* en Prov 4,27 viennent renforcer l'hypothèse du *t-infixum* dans *w^e yistār*.

Prov 3,12

kî 'et 'ăšer ye'ehab YHWH yôkîaḥ
ûk^e'āb 'et-bēn yirṣeh
Car Jahweh punit celui qu'Il aime
De la même manière qu'un père (punit) le fils qu'il chérit.

P. Wernberg-Møller [59] a proposé cette version du deuxième stique, en considérant le *waw* de *ûk^e'āb* comme un waw-emphatique [60]. Il évite ainsi la comparaison de Dieu à un père, qu'on ne trouve jamais ailleurs dans le Livre des Proverbes ; c'est seulement par une même manière d'agir que l'on peut faire le rapprochement entre Dieu et un père humain. Cette explication semble donc préférable à la suivante, admise par beaucoup de traducteurs et de commentateurs : en considérant le parallélisme défectueux, la version de la LXX, qui a une forme verbale du verbe *k'b*, et Jb 5,18 : « Il (= Dieu) blesse (*yak'îb*) et Il panse, Il meurtrit et ses mains guérissent », ils ont choisi de lire *w^e yak'ib* au lieu de *ûk^e'āb*. Mais ceci impose un changement du texte consonantique, ce qui peut être évité si l'on envisage encore une autre explication : la vocalisation de *wk'b* en *w^e kā'eb*, piel infinitif absolu.

Les grammaires ont toujours signalé un certain nombre d'emplois de l'infinitif absolu : ou bien il peut renforcer une forme finie de la même racine, ou bien on peut le considérer [61] comme équivalent d'une forme finie, soit en commencement de phrase, soit au milieu. Des dizaines d'exemples montrent le bien-fondé de ces affirmations. Dès lors on ne pouvait s'étonner — surtout après la publication des inscriptions de Karatepe — de découvrir en Ougaritique un emploi de l'infinitif absolu comme forme finie : de fait on le rencontre fréquem-

(58) Sur le *t-infixum* voir note Prov 5,5.

(59) « ' Pleonastic ' Waw in Classical Hebrew », *JSS* 3 (1958) 321-326 ; spéc. 323.

(60) Pour le *waw-emphaticum* voir Prov 8,32.

(61) Gesenius–Kautzsch, *Grammatik* § 113y-z ; Joüon, *Grammaire* § 123y-z.

ment, en début de phrase, suivi du pronom personnel ou du substantif : *UT* texte 49,I,25 *wʿn rbt aṯrt ym* « Et la Dame, Atirat de la mer, répondit » ; texte 52,69 *wṣḥ hm* « Et ils crièrent » ; texte 1021,6 *wtbʿ ank* « Et je partis » ([62]).

Un bel exemple d'infinitif absolu continuant une forme finie nous est donné en *UT* texte 126,V,20s : *my bilm ydy mrṣ gršm zbln* « Lequel des dieux veut chasser la maladie, exorciser l'infirmité ».

On peut être surpris des longues disputes qui opposèrent les savants à propos de cet emploi de l'infinitif absolu en Phénicien, même après la découverte des inscriptions de Karatepe, où on le trouve plus de quinze fois. La grammaire de J. J. Friedrich § 286 n. 1 témoigne de cette hésitation : « Hier sei die auffälligste Besonderheit der Sprache von Kaı. angeschlossen, das *'nk* ' ich ' hinter eine Verbalform der 3. Pers. Sg. des Perfekts (nach andern Forschern hinter den absoluten Infinitiv) gesetzt, die 1. Pers. Sg. zum Ausdruck bringt .... Doch gilt diese Regel nur für den Satzanfang, während im Satzinnern durchaus korrekte Formen der 1. Pers. Sg. des Perfekts angewendet werden ».

Pour toute la question de l'infinitif absolu dans les langues sémitiques nord-occidentales voir les deux excellents articles de J. Huesman ([63]). Si, en préférant la revocalisation de *wk'b* à l'explication du waw-emphatique, on considère Prov 3,12 comme un exemple de ce phénomène grammatical, on obtient la version suivante :

Car Jahweh punit celui qu'Il aime
Et Il frappe le fils qui lui plaît.

Prov 3,13

'ašrê 'ādām māṣā' ḥokmâ
weʾādām yāpîq tebûnâ
Heureux l'homme qui a trouvé la sagesse,
Et l'homme qui a acquis l'intelligence.

yāpîq : le parallélisme avec *māṣā'* ici, en Prov 8,35 et en 18,22 (où il est question de « trouver une femme ») a amené J. Gray ([64]) a

([62]) Voir C. Gordon, *UT* § 9.29 pour une discussion de l'infinitif absolu, équivalent de la forme finie, et pour d'autres exemples.

([63]) « Finite Uses of the Infinitive Absolute », *Biblica* 37 (1956) 271-295 ; « The Infinitive Absolute and the Waw + Perfect Problem », *Biblica* 37 (1956) 410-434.

([64]) J. Gray, *The Legacy of Canaan: The Ras Shamra Texts and Their Relevance to the Old Testament* (VTS 5 ; Leiden 1965²) 132 n. 7.

traduire Krt 12 *aṯt ṣdqh lypq* : « His legitimate wife did he find » ([65]). (Cf. cette phrase d'une tablette inédite ([66]) : *mlkn lypq špḥ* : « Notre roi n'obtiendra pas de progéniture »). Cette signification semble préférable à celle que propose Aistleitner ([67]) qui relie la racine *pq* (= *pwq*) à l'arabe *fāqa* « überragen », d'autant plus qu'on la retrouve encore en Phénicien : *KAI* 50,3 : *'pqn hksp 'š šlḥt ly* : « Que j'obtienne l'argent que vous m'avez envoyé ».

Quelques auteurs « corrigent » le deuxième *wᵉ'ādām* en *wᵉ'îš* (BH³, Toy, Gemser). Mais cette manière de faire perd beaucoup de son intérêt quand on considère, en Ougaritique, les nombreux exemples ([68]) de répétition d'un même terme dans les deux parties d'un verset. Ce phénomène, en soi, n'a plus rien de « suspect ».

Prov 3,15

yᵉqārâ hî' Q *mippᵉnînîm* K *mpnyym*
wᵉkol-ḥăpāṣê ki (TM *ḥăpāṣèkā*) *lō' yišwû-bāh*
Elle est plus précieuse que le corail,
Et toutes les choses désirables ne l'égalent vraiment pas.

La version « plus précieuse que le corail » est celle que propose le Qéré et que confirme Prov 8,11. Toutefois, le texte consonantique, Ketiv, permet, de son côté, une autre version, assez intéressante : « Elle brille plus que la surface de la mer (*mippᵉnê-yām*) ». Dans ce cas le verbe a la signification de « briller, étinceler », comme p.e. en Jb 31, 26 : *'im 'ereh 'ôr kî yahēl wᵉyārēaḥ yāqār hōlēk* : litt. « Si j'ai regardé la lumière (= le soleil) dans son éclat, et la lune quand elle allait en brillant ». Si l'on remarque que *yqr* s'applique en premier lieu aux astres, peut-être pourrait-on éclairer le sens de Za 14,6 : *wᵉhāyâ bayyôm hahû' lō' yihyeh 'ôr yᵉqārôt yᵉqippa'ôn* : « En ce jour-là, il n'y aura

([65]) Cf. la version de Driver, *CML* 29 : « His lawful wife surely went away » avec la note explicative : « Fem. noun with masc. verb through lapse of congruence due to intervening words ».

([66]) RŠ 24.247, citée par C. H. Gordon, *UT* Glossary 2030.

([67]) *Wörterbuch* 2056.

([68]) Gordon, *UT* § 13. Parmi les exemples cités : 1 Aqht, 117 : *in šmt in 'ẓm* : « il n'y a pas de graisse, il n'y a pas d'os ». — 52,8 : *bdh ḫṭ ṯkl bdh ḫṭ ulmn* : « Dans sa main la verge de stérilité, dans sa main la verge de veuvage ». — 127,22s : *yṯb krt l'dh yṯb lksi mlk* : « Keret retournait à son siège, il retournait à son trône royal ». — Cf. W. F. Albright, *Yahweh and the Gods of Canaan* (London 1968), spécialement Chap I « Verse and Prose in Early Israelite Tradition » (pp. 1-46).

plus de lumière, les corps lumineux (= les astres) se contracteront». Même chose en Ps 139,17 où les « amis » seraient aussi les étoiles : « Et pour moi comme vos amis brillent (*yākᵉrû*), O Dieu, comme leur nombre est grand !»

Le suffixe *kā* de *ḥăpāṣèkā* pose un problème : dans un contexte général et impersonnel comment admettre ce retour à la 2ème personne du singulier. La force de la comparaison en souffre : d'abord plus précieuse que le corail, chose précieuse en soi (ou plus brillante que la mer), la sagesse ne se trouverait plus comparée maintenant qu'à ce que, toi, « tu désires ». Cf. le verset identique Prov 8,11 : « Et toutes les choses désirables (*ḥăpāṣîm*) ne l'égalent pas ». Aussi beaucoup de commentateurs suivent-ils les versions anciennes et proposent-ils *ḥăpāṣîm*. W. F. Albright ([69]) a attiré l'attention sur les terminaisons en *-ay* qui, dans les langues sémitiques, servent à donner au mot un sens collectif : cf. en Ougaritique *arby* « sauterelles » ; *ṣrry* « concubines ». Peut-on considérer *ḥpṣy* comme un terme collectif « des choses désirables » ? Le *kaph* serait alors à vocaliser *ki*, particule emphatique.

Prov 3,18

ʿēṣ-ḥayyîm hîʾ lammaḥăzîqîm bāh
wᵉtōmᵉkèhā mᵉʾaššūr (TM *mᵉʾuššār*)
C'est un arbre de vie pour ceux qui la saisissent
Et pour ceux qui la tiennent c'est un cèdre.

Si l'on garde la vocalisation massorétique, le deuxième stique «ceux qui la tiennent deviennent heureux», présente une double difficulté : une faute d'accord quant au nombre et un parallélisme défectueux.

En fait, le *lamed* de *lammaḥăzîqîm* continue à exercer son influence sur le participe *tōmᵉkèhā*, comme souvent dans la poésie hébraïque selon le principe d'ellipse ([70]).

([69]) *Festschrift Alfred Bertholet zum 80. Geburtstag*, Hrsg. W. Baumgartner u.a., (Tübingen 1950) 3 ; cf. S. Rin, « *ey* as an Absolute Plural Ending», *BZ* 5 (1961) 255-259. Ce dernier auteur veut montrer que, dans la Bible elle-même, certains noms ont gardé la finale primitive en *ay* et *ey*, mal décrite par les grammaires comme « état construit devant une préposition » : « Now to return to the ʿ Construct before a preposition ʾ which is usual especially in the poetical language. It is well known that elevated style prefers archaic forms. It is little wonder, then, that the eloquent writers chose for their purposes an ancient plural form with the *ey* ending» (258).

([70]) Voir note Prov 5,16.

m'šr se trouvant en parallélisme avec *'ēṣ-ḥayyîm*, on peut d'autre part se demander quel arbre était directement lié à cette image de « l'arbre de vie » ([71]). Pour Julian Morgenstern : « The representation of the tree as a palm may perhaps be regarded as of southern origin, the result of the reworking, in a southern and truly Semitic environment, of the original, northern, and perhaps non-Semitic, concept of the tree of life as a cedar. This latter concept would naturally be native to a northern environment, and particularly to one of the mountains or mountain ranges, such as the Amanus or the parallel ranges even farther north » ([72]).

En Is 41,19 et 60,13 *teaššûr* désigne le cèdre. Il semble que le même terme, sans préformativum *te* soit employé dans le même sens en Ez 27,6 et 31,3. Ez 27,6 *karšēk 'āśû-šēn bēt* (TM *bat*) *'ăššurîm mē'iyyê kittiyyîm* : « Ils ont fait ton pont d'ivoire, ta ([73]) cabine de cèdres des côtes de Chypre ». Ez 31,3 *hinnēh 'aššûr 'erez ballebānôn* : « Te voici, un cèdre, une cédrèle du Liban ». Dans ce dernier texte, tout le monde reconnait que Assur (TM) n'est pas à sa place alors qu'il s'agit d'un oracle dirigé contre l'Égypte. Certains, e.a. Smend, Rothstein, Herrmann, Bertholet, ont proposé *te'aššûr* au lieu de *'aššûr*, mais cela paraît superflu s'il s'agit de deux synonymes, comme Ez 27,6 semble le suggérer. Pour Prov 3,18, le verset étudié, deux possibilités se présentent : l'une consisterait à y retrouver le mot *'aššūr* en reliant le *mem* au verbe précédent, comme mem-enclitique ; l'autre serait de chercher si *me'aššūr* ne pourrait pas être, comme *te'aššūr*, un synonyme à préformante de *'aššūr*. Des cas semblables se rencontrent, ainsi en Prov 4,23, *tôṣe'ôt* qui remplace le terme plus fréquent *môṣe'ôt* et en Ougaritique *trṯ* et *mrṯ*, synonymes de l'hébreu *tirôš* ([74]).

C. F. A. Schaeffer signale ([75]) qu'une tablette, encore inédite, mentionne un exil de Horon en Arših où il plante un tamaris, appelé « arbre de mort » : *'ṣ mt*.

([71]) Cf. W. F. Albright, « The Mouth of the Rivers », *AJSL* 35 (1918-1919) 176-185 ; H. G. May, « The Sacred Tree on Palestine Painted Pottery », *JAOS* 59 (1939) 251-259 ; J. Morgenstern, « Psalm 48 », *HUCA* 16 (1948) 1-95.

([72]) *HUCA* 16 (1948) 82.

([73]) Par le principe d'ellipse, le suffixe pronominal de *karšēk* exerce sa fonction sur ce terme parallèle.

([74]) Voir pour ce dernier exemple *UHP* 65.

([75]) « Neue Entdeckungen in Ugarit », *AfO* 20 (1963) 206-215 ; spéc. 213. Cf. *UT*, *Supplement* (Roma 1967) 554.

Prov 3,19s

YHWH b^{e}ḥokmâ yāsad-'āreṣ
kônēn šāmayim bitbûnâ
b^{e}daʿtô t^{e}hômôt nibqāʿû
ûš^{e}ḥāqîm yirʿăpû-ṭāl
Avec sagesse Jahweh a fondé la terre
Affermissant les cieux avec intelligence,
Grâce à son savoir les abîmes ont fait éruption,
Et les nuages ont distillé la rosée.

On a souvent fait remarquer que l'ordre dans lequel l'auteur met les trois synonymes de « sagesse » se retrouve aussi ailleurs, p.e. Prov 24,3 (76). Mais c'est également par les autres mots employés que le sage se réfère à un schéma connu. Ainsi dans les textes d'Ougarit on note l'usage parallèle des mots :

'ereṣ — — *šāmayim*
t^{e}hômôt — — *š^{e}ḥāqîm*

ʿnt,III,21s : *tant šmm ʿm arṣ thmt ʿmn kbkbm* : « Discussion des *cieux* avec les *enfers* (ou : la terre), des *abîmes* avec les *étoiles* ». On retrouve ici en ordre chiastique trois des quatre mots parallèles de Prov 3,19s, seul « les étoiles » prend la place de « les nuages ».

La correspondance entre « les abîmes ont fait éruption » et « la rosée » figure en 1 Aqht,44s : *bl ṭl bl rbb bl šrʿ thmtm* : « Pas de *rosée*, pas d'averse, pas d'*éruption des abîmes* ». (Comparer ce dernier texte avec 2 Sm 1,21 : *hārê baggilbōʿa 'al-ṭal w^{e}'al-māṭār ʿalêkem* : « Montagnes de Gelboé, ni rosée ni pluie sur vous ».)

Prov 3,22

w^{e}yihyû ḥayyîm l^{e}napšekā
w^{e}ḥēn l^{e}garg^{e}rōtèkā
Et elles seront vie pour ta gorge
Et grâce pour ton cou.

ḥayyîm et *ḥēn* se trouvent aussi en parallélisme en *KAI* 48,4 : [*wy*]*tn lm ḥn wḥym lʿn 'lnm wbn 'dm* : « Et qu'ils (= les dieux) leur

(76) Cf. F. Vattioni, « Saggezza e Creazione in Prov 3,19-20 », *Augustinianum* 6 (1966) 102-105.

donnent faveur et vie aux yeux des dieux et des fils d'homme». Et en *KAI* 10,9s nous avons la forme intensive de *ḥyh* parallèle à *ntn ḥn* : *tbrk bʿlt gbl 'yt yḥwmlk ... wtḥww ... wttn lw ḥn lʿn 'lnm wlʿn ʿm 'rṣ z* : « Que la Dame de Byblos bénisse YḤWMLK ... et qu'elle le fasse vivre ... et qu'elle lui donne faveur aux yeux des dieux et aux yeux de la population de ce pays».

Prov 3,24

'im-tiškab lō' tipḥād
w^e šākabtā w^e ʿār^e bâ š^e nātekā
Quand tu te couches tu ne craindras point,
Mais tu te couches et ton sommeil vient.

Pour le sens de *ʿārab* « venir, entrer», voir W. A. van der Weiden, « Radix hebraica *ʿrb*», *VD* 44 (1966) 97-104.

L'objection « si l'on traduit ' être doux ' le suffixe de *š^e nātekā* se comprend plus facilement» perd beaucoup de sa force si l'on voit qu'en Gen 31,40 et Dn 6,19 *mon* ou *son* sommeil s'enfuit, tandis qu'en Jr 31,26 *šēnâ* est également muni du suffixe : *ʿal zō't hĕqîṣōtî wā'er'eh ûš^e nātî ʿār^e bâ lî* : « Là-dessus je me suis éveillé et j'ai vu et mon sommeil m'est (re)venu.»

Ce verset est un bel exemple de la séquence *yqtl* // *qtl* de la même racine (*tiškab* – *šākabtā*) : phénomène stylistique étudié par Moshe Held et discuté à propos de Prov 11,7.

Prov 3,25s

'al-tîrā' mippaḥad pit'ōm
umiššō'at r^e šāʿîm kî tābō'
kî YHWH yih^e yeh b^e kislekā
w^e šāmar ragl^e kā millāked
Ne crains pas la meute (qui apparaitra) soudaine,
Ni la fosse de méchants sur laquelle tu passeras ;
Car Jahweh sera à ton côté,
Et il gardera ton pied du piège.

C'est l'image de la chasse aux justes de la part des méchants, rencontrée en Prov 1,10-19, qui revient ici. Cette version plus exacte est devenue possible grâce à une meilleure explication de quelques termes techniques du v. 25 : *paḥad* : « meute» comme en Is 24,18 ;

Jr 48,43 ; Jb 15,21 ; 22,10 ; etc. ([77]). Cf. l'ougaritique *pḫd* « troupeau, groupe». — *šōʼâ* : « fosse, piège» ici et en Ps 35,8, tandis que le verbe (*šwʼ*) se trouve en Ps 63,10, comme J. T. Milik ([78]) l'a montré. Le même auteur a cherché à améliorer le parallélisme en remplaçant *paḥad* par *paḥ* ([79]). Cette proposition semble superflue si l'on adopte la traduction proposée ci-dessus pour *paḥad* qui donne un résultat satisfaisant. Ce qu'on vient de dire vaut aussi pour Pope ([80]) qui rattache *šōʼâ*, ici et en Ps 35,8, à une racine *šʼy* = craindre. — *pitʼōm* : « soudain», version adoptée, faute d'une meilleure. On rencontre plusieurs fois ce terme dans un contexte qui parle de la chasse ([81]), comme ici, mais jusqu'à présent il semble impossible d'en donner la signification exacte : les inscriptions cananéennes et les textes d'Ougarit n'ont pas apporté d'éléments nouveaux pour une meilleure compréhension.

Pour v. 26 voir *PNWSP* 10.

Prov 3,34

ʼēm (TM *ʼim*) *lallēṣîm hûʼ yālîṣ*
wᵉlaʻănawîm yitten-ḥēn
Lui, le Terrible, se moque des moqueurs
Mais Il donne sa faveur aux humbles.

Plusieurs commentateurs ont cherché en vain une explication satisfaisante de TM *ʼim*. C'est pourquoi on tourne généralement cette difficulté par la correction de *ʼim* en *ʻim*.

Or, en considérant l'ougaritique *ib* = ennemi, certains ([82]) se sont demandés si l'Hébreu n'a pas également conservé de tels participes statifs. A titre d'exemples, on cite : *ʼēd* (Prov 17,5) ; *ʼēb* (Prov 13,1 ?) ; *gēr* < *gîr*. On pourrait donc penser à une solution analogue pour le terme discuté *ʼm* : il faudrait alors le lire *ʼēm*, participe statif de *ʼym* « être terrible», employé comme titre de Jahweh ([83]). C'est pro-

([77]) M. Dahood, *UHP* 69.

([78]) « Deux documents inédits du Désert de Juda», *Biblica* 38 (1957) 245-268.

([79]) *Biblica* 38 (1957) 249s.

([80]) *Job* (New York 1965) 94s.

([81]) Ainsi Is 47,11 ; Jr 18,22 ; Ps 64,5 ; Jb 22,10 ; Qo 9,12.

([82]) W. F. Albright, *BASOR* 89 (1943) 32 n. 26 ; M. Dahood, *PNWSP* 38s ; idem, *UHP* 16.

([83]) Cf. M. Dahood, *Psalms II* 354.

bablement lui que l'on retrouve encore en Ps 95,7 ; Lm 5,22 ; Nb 12,6 ; Jr 14,7. Nb 12,6 : *šimeʿû-nāʾ dibrê ʾēm* (TM *debāray ʾim*) *yihyeh nebîʾăkem YHWH* : « Ecoute les paroles du Terrible, Jahweh sera votre prophète » ; Jr 14,7 : *ʾēm* (TM *ʾim*) *ʿăwōnênû ʿānû bānû YHWH ʿăśēh lemaʿan šemekā* : « O Terrible, nos fautes temoignent contre nous, agis, o Jahweh, à cause de ton nom » ([84]).

Analysant le présent verset, G. R. Driver ([85]) considère la présence du *lamed* devant *lēṣîm* comme une anomalie, l'objet du verbe *lîṣ* étant normalement un accusatif sans préposition. Il y voit alors un Aramaïsme. Ne pourrait-on pas le considérer plutôt comme un *lamed-emphaticum* : « les vrais moqueurs » ([86]) ?

Prov 3,35

kābôd ḥăkamîm yinḥālû
ûkesîlîm miryām (TM *mērîm*) *qālôn*
Les sages hériteront de l'honneur
Mais les méchants le comble du déshonneur.

L'expression *mrym ṣpn* « les sommets du Ṣaphon », dans les textes d'Ougarit, pourrait expliquer le « crux interpretum » *mrym qlwn*. Gordon, *UT* Glossary 2311 : *mrym* < *r(w/y)m*. J. T. Milik ([87]) propose la vocalisation *miryām*, ce qui donnerait également l'étymologie de ce nom.

L'interprétation « comble du déshonneur » trouve un appui solide en Prov 11,16, dans la lecture amplifiée de la LXX : *thronos atimias* (= *kissēʾ qālôn*). On peut donc considérer *miryām* comme l'équivalent de *mārôm*, en le reliant à la racine *rym* = *rwm*.

Noter aussi le « Ballast Variant » : a + b + c // b′ + a′. Le verbe du premier stique est contrebalancé dans le deuxième par l'objet *miryām qālôn*, équivalent de *kābôd*, mais plus long.

([84]) Cf. l'usage postérieur de la même racine : Jacob Levy, *Wörterbuch über die Talmudim und Midrashim* I 66a : « Jom. 4b ʿ Gott rief den Mose um ihm Furcht einzujagen ʾ *lʾyym ʿlyw*, ihn zum Empfange der Gesetze ernst zu stimmen ».

([85]) *Biblica* 32 (1951) 176.

([86]) Pour le *lamed-emphaticum*, voir Prov 8,3. On retrouve l'idée exprimée dans ce verset en Ps 18,26s.

([87]) *Gli Scavi del « Dominus Flevit »* I (Jerusalem 1950) 78 n. 9.

Prov 4,1

šᵉmaʿ (!) *bᵉnî-m* (!) *mûsar ʾāb*
wᵉhaqšēb (!) *lādaʿat bînâ*
Ecoute, mon fils, l'instruction d'un père
Et sois attentif pour connaître l'intelligence.

Avant d'aborder la discussion de ce verset, il peut être utile de donner quelques précisions sur la question du mem-enclitique.

Dans un article très documenté, H. D. Hummel ([88]) constate que le mem-enclitique est « a little known linguistic affinity between ancient Hebrew and other Semitic tongues. Enclitic *mem* was totally unsuspected in Hebrew until its discovery in Ugaritic, although it had long been known to exist in Akkadian and certain South Semitic dialects » ([89]). Ce phénomène disparaît dans la langue parlée à partir du dixième siècle ([90]), mais il garde sa place dans la langue poétique. Les Massorètes, qui ne l'ont plus compris, ont cependant conservé et respecté le texte consonantique ([91]), mais ils l'ont souvent mal vocalisé. Alors que Hummel en 1957 pouvait en recenser une centaine d'exemples, des recherches et des études récentes ont fait monter ce nombre à plus de 250 ([92]). On ne peut donc que s'étonner du point de vue si négatif de G. R. Driver ([93]) qui écrit : « In fact all the supposed instances of this -m can be explained within the rules of Semitic grammar or Hebrew palaeography ».

Il est normal qu'un tel phénomène, « totally unsuspected in Hebrew », ne soit pas entré dans les grammaires. Seuls quelques exemples d'un mem-enclitique en chaîne construite ont été traités par les grammariens : *ʾmrym ʾmt* (Prov 22,21) et *mym lḥs* (1 R 22,27 ; 2 Ch 18,26 ; Is 30,20). Ils sont expliqués par Gesenius–Kautzsch (§ 131c) comme des appositions, tandis que Joüon explique le premier exemple de la même manière (§ 131b), mais considère le deuxième comme un accusatif attributif de limitation (§ 127b).

([88]) « Enclitic MEM in Early Northwest Semitic, Especially Hebrew », *JBL* 76 (1957) 85-107, abrégé d'une dissertation doctorale à la Johns Hopkins University (inédite).

([89]) *JBL* 76 (1957) 85.

([90]) D. N. Freedman, *JBL* 76 (1957) 107 n. 110.

([91]) Les moines de Qumrân n'ont pas montré un tel respect : ils ont souvent supprimé ce mem, qu'eux non plus ne comprenaient pas. M. Dahood, *Biblica* 47 (1966) 412 en donne cinq exemples, tirés de IQIs[a].

([92]) *Biblica* 47 (1966) 412 n. 1.

([93]) *JSS* 10 (1966) 116.

Dans son *Ugaritic Textbook*, C. H. Gordon discute amplement les divers emplois du mem : suffixed -m (§ 11.4) ; adverbial -m (§ 11.5) ; prepositions paralleled by -m (§ 11.6) ; verb with -m (§ 11.7) ; construct noun with -m (§ 11.8).
Parmi ses exemples :

Krt,205s : *ṯnh kspm atn w ṯlṯth ḫrṣm* : « Je veux donner deux fois son (prix) en argent, oui, trois fois son (prix) en or».

Krt,165-167 : *wʿly lzr mgdl rkb ṯkmm ḥmt* : « Il grimpa au sommet de la tour, il monta sur l'épaule du mur».

1001,5 : *hm tqrm lmt* : « si tu dis à Môt».

125,10 : *bnm il* = 125,20 : *bn il* : « le fils d'El».

En plus de ceux découverts en Amoritique, en Ougaritique et en Akkadien, spécialement dans les lettres de Tell el-Amarna, on peut probablement citer deux exemples en Phénicien et en Punique : *KAI* 59,2 : *'šmnṣlḥ rb khnm 'lm nrgl* : « 'SMNṢLḤ, chef des prêtres du dieu Nergal». *khnm* et *'lm* semblent bien être construits avec un mem-enclitique. H. Donner et W. Röllig ([94]) répètent l'explication, donnée déjà par J. J. Friedrich ([95]) : « Unsemitische und fehlerhafte Konstruktion (stat. abs. statt stat. cstr.), da die Verfasser der Inschrift vielleicht nur noch Griechisch als Muttersprache gebrauchten». L'autre exemple est dans l'inscription de Pyrgi ([96]) : *hkkbm 'l* : « les étoiles de dieu» ou, si l'on considère *'l* comme indication du superlatif, « les puissantes étoiles».

Quant au Livre des Proverbes, Hummel ([97]) le classe parmi les livres bibliques dans lesquels le mem-enclitique serait plutôt rare, s'il n'en est pas totalement absent. Et, de fait, certains des exemples donnés jusqu'à présent ne sont pas très convainquants :

Prov 28,1 ([98]) : *wᵉṣaddîq-m kikᵉpîr yibṭāḥ* : « Et le juste est vaillant comme un lion».

On pourrait objecter ici que le verbe permet une vocalisation au pluriel, avec *scriptio defectiva*, comme p. e. *yōʼkᵉlū* en Prov 18,21.

([94]) *KAI* Band II, p. 72.

([95]) *Phönizisch–Punische Grammatik* § 308,4.

([96]) Voir M. Dahood, « Punic *hkkbm 'l* and Isa 14,13», *Or* 34 (1965) 170-172.

([97]) *JBL* 76 (1957) 107.

([98]) *JBL* 76 (1957) 102.

Prov 30,13 : *dôr mâ rāmû ʿênāyw* : « Une génération, dont les yeux sont combien hautains ».

Des quatre versets parallèles, celui-ci est le seul, où se trouve l'interjection *mâ*. D'après Hummel (99) il s'agissait primitivement d'un mem-enclitique, utilisé comme variation stylistique, mais que les Massorètes ont mal compris.
D'autres exemples ont cependant plus de valeur :

Prov 22,21b : *lᵉhāšîb ʾimrê-m* (TM *ʾămārîm*) *ʾĕmet lᵉšōlḥekā* : « Afin de rapporter des paroles de vérité à celui qui t'a envoyé ».

Après la construction normale *ʾimrê ʾĕmet* en 21a, ce deuxième stique donne un exemple clair de mem-enclitique dans une chaîne construite (100).

Prov 20,4 (101) : *mēḥōrep ʿāṣēl lōʾ-yaḥărōš* : « En hiver le paresseux ne laboure pas ».

Le mem de *mēḥōrep*, analysé souvent comme « *min-temporis* », serait plutôt à rattacher au mot *yitgallāʿ* du verset précédent, en expliquant *ḥōrep* comme *accusativus temporis* ; le mem aurait alors un emploi enclitique.
Prov 5,7 (102) : *wᵉʿattâ bᵉnî-m* (!) *šᵉmaʿ* (!) *lî wᵉʾal tāsûr* (!) *mēʾimrê-pî* : « Et maintenant, mon fils, écoute-moi, et ne te détourne pas des paroles de ma bouche ».

Le contexte, notamment 5,1 et 5,20, est au singulier, et on comprend difficilement le pluriel. Aussi la Septante a-t-elle le singulier, suivie par beaucoup de modernes. Le mem-enclitique de *bᵉnî-m* a pu tromper les Massorètes qui ensuite ont vocalisé tout le verset au pluriel.

C'est en tenant compte de ce phénomène, et spécialement dans le dernier exemple cité, que la discussion de Prov 4,1 doit s'ouvrir, de même que celle de Prov 7,24 qui en est très proche. Dans ces deux versets, comme en Prov 5,7, le contexte est au singulier (cf. 4,10 et 7,25s) et, pour le second, la Septante emploie également le singulier. En fait trois possibilités se présentent, les deux dernières étant permises grâce à la redécouverte du mem-enclitique :

(99) *JBL* 76 (1957) 102.
(100) *PNWSP* 47.
(101) *PNWSP* 43 ; cf. cependant *Psalms I* 106, où ce mem est expliqué, par le même auteur, comme un *min-locativum*.
(102) *PNWSP* 12.

bānîm : « o fils (plur.) : version qui correspond au TM et qui reste possible : le maître peut s'adresser à un groupe d'élèves ([103]).

bᵉnāy-m : « o mes fils » : version adoptée par Scott pour 4,1.

bᵉnî-m : « o mon fils » : lecture que l'on préférera étant donné qu'il s'agit d'une formule stéréotypée (cf. 1,8 ; 2,1 ; 3,1.11.21 ; etc.) et qu'elle donne la version la mieux adaptée au contexte ; elle a en outre l'appui de la LXX en 5,7 et 7,24. Un inconvénient demeure cependant : celui d'avoir à supposer de la part des Massorètes et en raison de leur incompréhension du phénomène, une harmonisation postérieure des verbes et du suffixe (4,2) ([104]).

D'autres exemples du mem-enclitique seront traités par la suite : 15, 29s ; 16,13.

Prov 4,6-9

6 *'al-taʿazbehā wᵉtišmᵉrekā*
'ehābehā wᵉtiṣṣᵉrekā
7 *rē'šît ḥokmâ qᵉnēh ḥokmâ*
ûbᵉkol-qinyānᵉkā qᵉnēh bînâ
8 *salsᵉlehā ûtᵉrômᵉmekā*
tᵉkabbēdᵉkā kî tᵉḥabbᵉqennâ
9 *tittēn lᵉrō'škā liwyat-ḥēn*
ʿăṭeret tip'eret tᵉmaggᵉnekā

6 Ne l'abandonne pas et elle te gardera,
Aime-la et elle te protègera.
7 L'essence de la sagesse est : acquiers
la Sagesse (comme épouse),
Plus important que tout ce que tu possèdes est : acquiers
l'Intelligence (comme épouse).
8 Etreins-la et elle t'élèvera,
Elle te donnera honneur si tu l'embrasses.
9 Elle mettra sur ta tête un diadème de grâce,
Elle te gratifiera d'une couronne de splendeur.

La terminologie de ces versets suggère, dans l'esprit de l'auteur, un rapprochement entre la relation du jeune homme avec la Sagesse

([103]) Cf. Toy, *Proverbs* 84.

([104]) La formule stéréotypée réapparaît en 8,32 ; mais c'est alors la Sagesse qui donne ses instructions, et non plus le père. Là encore, la LXX a traduit au singulier, suivie par plusieurs commentateurs. Pourtant, dans ce cas, le contexte ne l'exige pas.

et celle de l'époux avec l'épouse : *'āzab* : abandonner une femme (Is 54,6 ; 60,15 ; 62,4). — *'āhab* : aimer. — *ḥābaq* : embrasser. — *sll* : étreindre (?) : KB, Barucq. — *'ăṭārâ* (ou : *'ăṭeret tip'eret*) : couronne nuptiale (Ez 16,12 ; Ct 3,11). — *qānâ* : dans ce contexte, vraisemblablement : acquérir comme épouse, épouser (Rt 4,5.10 ; Sagesse d'Ahiqar 218 (?) : cf. Jean–Hoftijzer, *Dictionnaire* 260). Peut-être doit-on vocaliser *qᵉnōh*, infinitif comme en Prov 16,16 et traduire : « L'essence de la sagesse est : acquérir la Sagesse, etc. »

bᵉkol-qinyānᵉkā : *beth-comparativum* : « plus que tout ce que tu possèdes ». A côté du *lamed-comparativum* (p. e. Ps 30,8 ; Mi 5,1 ; Ct 1,3 ; Na 1,7 ; Ez 16,13 ; Qo 7,19 ([105])) on a le *beth-comparativum*, dont M. Dahood a donné nombre d'exemples dans « Hebrew–Ugaritic Lexicography I » ([106]). L'exemple le plus intéressant pour nous est Prov 24,5 : *gābar* (TM *geber*) *ḥākām bᵉ'ôz wᵉ'îš da'at mē'ammūṣ* (TM *mᵉ'ammeṣ*) *kōaḥ* : litt. « Un sage est plus fort qu'un homme fort, et un homme intelligent que quelqu'un de virulent qui a de la force ». On peut y ajouter Ez 26,17 : *'ăšer hayᵉtâ ḥăzākâ bayyām hî' wᵉyōšᵉbèhā* : « Qui était plus forte que la mer, elle et ses habitants ».

rē'šît : parallèle à *bᵉkol-qinyānᵉkā*, *rē'šît* ne semble pas avoir ici le sens de « début, commencement » mais plutôt de « l'essence, le choix, le principal » comme en Am 6,6 : *rē'šît šᵉmānîm yimšāḥû* : « Ils prennent la fleur de l'huile pour leurs onctions, » Et l'inscription phénicienne sur une coupe : *br'št nḥšt* (*KAI* 31,1) « de cuivre de choix » (Jean–Hoftijzer).

tᵉmaggᵉnekā : dans la note Prov 2,7 on a vu *māgēn* « don, cadeau » ou *māgān* titre divin « Bienfaiteur ». Ici le verbe correspondant est construit avec le suffixe datif, comme M. Bogaert ([107]) l'a montré.

Prov 4,16s

kî lō' yišᵉnû 'im-lō' yārē'û
wᵉnigzᵉlâ šᵉnātām 'im-lō' yakšîlû
kî lāḥămû leḥem reša'
wᵉyên ḥămāsîm yištû
Car ils ne peuvent pas dormir s'ils
n'ont pas fait le mal,

([105]) Voir M. Dahood, *Biblica* 47 (1966) 406s.
([106]) *Biblica* 44 (1963) 299s.
([107]) « Les suffixes verbaux non accusatifs dans le sémitique nord-occidental et particulièrement en Hébreu », *Biblica* 45 (1964) 220-247, spéc. 236.

Et le sommeil leur manque s'ils
n'ont pas fait trébucher,
Car ils mangent le pain du crime
Et boivent le vin de la violence.

La métaphore qui est à la base de ces deux versets semble être celle des bêtes (sauvages) qui ne peuvent pas dormir si elles n'ont pas assez mangé et rôdent partout pour trouver de quoi se nourrir. De même la nourriture des hommes pervers est le crime et la violence. S'ils ne sont pas rassasiés de ce pain et de ce vin, eux non plus ne peuvent trouver le sommeil.

Souvent, les malfaiteurs sont ainsi comparés aux bêtes. Ps 59,16 peut illustrer ces deux versets. Les ennemis du psalmiste viennent d'être décrits comme des chiens qui rôdent par la ville, en grognant, et le v. 16 ajoute :

hēmmâ y^enûʿûn le'ĕkōl
'im l' (TM *lō'*) *yiśbeʿû wayyālînû*
Les voilà errant en quête de nourriture ;
S'ils sont bien satisfaits, ils vont dormir.

Quelques remarques à propos de ce verset : On traduit généralement le deuxième stique : « s'ils ne sont pas satisfaits, ils grondent ». Pour cela on fait appel à un verbe *lûn* qu'on ne trouve qu'en Ex 15 – 17 ; Nb 14 – 17 et Jos 9,18, toujours comme terme technique « murmurer contre Jahweh ou contre ses représentants ». Mais, d'autre part, on sait que, plusieurs fois, les Massorètes ont vocalisé le *lamed-emphaticum* (108) comme la négation *lō'* (p.e. Ex 8,22 ; 1 S 14,30 ; 20,9 ; 2 R 5,26 ; Ru 2,13 ; etc.). On pourrait se demander s'ils n'ont pas fait de même en Ps 59,16, ce qui donnerait une excellente version sans recourir au verbe spécial *lûn* (109). J. H. Patton (110) a noté que *hēmmâ* a ici la même signification que l'ougaritique *hm* « voici, voilà ».

(108) Cf. F. Nötscher, « Zum Emphatischen Lamed », *VT* 3 (1953) 372-380 ; J. Mejía, « El lamed enfático en nuevos textos del Antiguo Testamento », *EstBib* 22 (1963) 179-190 (bibliographie).

(109) Dans *Psalms II* 73s M. Dahood a proposé une autre solution pour Ps 59,16 : la particule de négation *lō'* serait à suppléer devant *wayyālînû* par le principe d'ellipse : « If they are *not* sated, they do *not* retire ». Cette explication aurait l'appui de la version syriaque ; cependant l'auteur lui-même n'en est pas pleinement satisfait.

(110) *Canaanite Parallels in the Book of Psalms* (Baltimore 1944) 37 ; cf.

Prov 4,22

kî ḥayyîm lᵉmōṣᵉʾêhem
ûlᵉkol biśśᵉrû (TM *bᵉśārô*) *marpēʾ*
Car ils sont Vie pour ceux qui les trouvent,
Et pour tous ceux qui les proclament Rétablissement.

La version traditionelle du deuxième stique « et pour tout son corps rétablissement » laisse beaucoup à désirer quant au parallélisme attendu et elle suppose une faute d'accord : au pluriel de 22a doit correspondre un suffixe pronominal singulier en 22b. Or, sans aucun changement du texte consonantique, on peut vocaliser *biśśᵉrû*, piel de *bśr* « proclamer, annoncer » ([111]). Il ne s'agit donc pas uniquement de « trouver, acquérir » la formation sapientiale, mais aussi de sa proclamation. Nous trouvons la même idée dans la Vulgate, en Si 24,30s : « Qui audit me (= sapientiam) non confundetur, et qui operantur in me non peccabunt ; *qui elucidant me vitam aeternam habebunt* » (cf. Dn 12,3).

biśśᵉrû : « qui *les* proclament » : le suffixe pronominal se trouve attaché au verbe du premier stique *lᵉmōṣᵉʾêhem*, mais il exerce son influence sur les deux verbes par le principe d'ellipse ([112]). On remarque aussi le chiasme de ce verset : a + b // b′ + a′. Le substantif *marpēʾ*, comme le verbe correspondant, a souvent la signification ordinaire « guérison d'une blessure » (p.e. 2 Ch 21,18) et désigne aussi la « guérison » que Jahweh accordera à son peuple après l'avoir puni (Jr 33,6). Mais elle se trouve également dans un autre contexte — lorsqu'il s'agit de la mort — on parle alors d'une mort « sans guérison », donc d'une mort définitive, absolue ; cf. Prov 6,15 : C'est pourquoi sa ruine (*ʾêdô*) surviendra soudain, instantanément il sera brisé et il n'y aura pas de guérison » (*yiššābēr wᵉʾên marpēʾ*). — Prov 29,1 : « L'homme qui, corrigé, raidit sa nuque sera brisé soudain et il n'y aura pas de guérison » (*yiššābēr wᵉʾên marpēʾ*) ([113]). — Jr 51,8s : Babel a été brisé

T. F. McDaniel, *Biblica* 49 (1968) 33s, où l'on trouve d'autres exemples et des références bibliographiques.

([111]) Pour la signification exacte de cette racine voir D. J. McCarthy, « Vox *bśr* praeparat vocem evangelium », *VD* 42 (1964) 26-33.

([112]) Voir Prov 5,16 note.

([113]) Cf. le contraire en Os 6,1-2 :
Venez, revenons à Jahweh.
Il a déchiré, il nous guérira ;
Il a frappé, il bandera nos plaies ;

(*tiššābēr*) et il n'a pas guéri (*lō' nirpātâ*). Comparer ces versets avec le reste de Jr 51, spécialement avec la terminologie des versets 39 et 57 : « J'enivrerai ses chefs et ses sages, ses satrapes et ses guerriers, et ils s'endormiront d'un sommeil éternel, sans se reveiller » (*weyāšenû šenat-'ôlām welō' yāqîṣû*).

Plusieurs des termes utilisés dans ces versets sont donc en relation étroite avec la mort ou ce qui la suit :

šbr : « briser », quelquefois « briser éternellement » (Ez 32,28) : Jahweh a brisé le monstre primordial Leviathan (Ps 74,13) ; Keret demande aux dieux des enfers de briser l'usurpateur de son trône, son fils Yaṣṣib : *yṯbr ḥrn ybn yṯbr ḥrn rišk 'ṯtrt šm b'l qdqdk* :

« Que Horon brise, o fils,
Que Horon brise ta tête,
Astarte, Nom de Baal, ton crâne » ([114]).

'êd : « ruine, mort » comme en Jb 18,12 ; Ps 18,19.

hēqîṣ : « se reveiller ». Cette parole est employée quelquefois comme terme technique de « ressusciter de la mort » (Ps 17,15 ; Is 26,19 ; Jb 14,12 ; Dn 12,2). « Etre brisé sans guérison » semble donc identique à « être mort d'une manière définitive, absolue ». C'est pourquoi ici, en Prov 4,22, le Rétablissement promis aux « messagers de la Sagesse » pourrait faire penser à une récompense dans l'au-delà (une mort non définitive, non absolue ?) : le terme parallèle est *ḥayyîm* qui a quelquefois — spécialement dans les Proverbes et les Psaumes — la signification de « Vie par excellence : Vie éternelle » ([115]). Toutefois, la prudence s'impose car le contexte direct ne va absolument pas dans cette direction.

Prov 4,23

mikkol-mišmār neṣōr libekā
kî mimmennû tôṣe'ôt ḥayyîm

Après deux jours il nous rendra la vie,
Le troisième jour il nous relèvera,
Et nous vivrons en sa présence.
(version Bible de Jérusalem).

([114]) Texte 127,54-57.

([115]) Cf. Dn 12,2 ; Prov 2,19 ; 3,18 ; 10,16 ; 11,19 ; 12,28 ; 19,23 ; Ps 16,11 ; 21,5 ; 27,13 ; etc.)

Plus encore que tout ce qu'on doit garder,
préservez votre cœur,
Car c'est de lui que jaillissent les
sources de la vie.

Une correction quasi-générale consiste à remplacer *mikkol* par *b^ekol*, ce qui correspond aux versions anciennes (p. e. LXX : *pasē_i phylakē_i*) [116]. Une bonne version qui conserverait le texte hébreu serait cependant préférable. Or deux possibilités se présentent :

a) *mikkol-m šāmar* : « plus que tout ce qu'on garde normalement ». Le *mem* de *mišmār* s'attacherait alors à *mikkol* comme mem-enclitique. Dans ce cas on évite une signification tout à fait spéciale du terme *mišmār*.

b) *mikkol-mišmār* : « plus que tout ce qu'on doit garder ». Cette possibilité a l'avantage de n'exiger aucun changement et d'être soutenue par une formule presque identique en Aḥiqar 98 : *mn kl mnṭrh ṭr pmk* : « Gardez votre bouche plus exactement que toute autre chose qu'on doit garder ». Bien que le mem-enclitique soit un phénomène assez repandu dans les langues sémitiques nord-occidentales, il n'est pas possible de le supposer en Aḥiqar 98, sans quoi le *he* de *mnṭrh* ne s'expliquerait plus. *mišmār* signifie ordinairement « garde ; poste de garde », mais le dictionnaire de Jean–Hoftijzer note les mêmes significations de *mnṭrh* : 1) poste de garde ; 2) ce qu'on doit garder [117].

tôṣ^e'ôt : « jaillissement, sources » semble avoir ici la même signification que *môṣā'*, en 2 R 2,21 ; Is 41,18 ; 58,11 ; etc. Cette signification identique de la préformante *t* et *m* peut corroborer ce que nous avons dit à propos de Prov 3,18 de *t^e'aššūr* et *m^e'aššūr* et de l'ougaritique *mrṯ* et *trṯ*.

Prov 4,24

ḥāsēr mimm^ekā ʿiqq^ešût peh
ûl^ezût ś^epātayīm harḥēq mimmekā

(116) Cette correction, encore acceptée par A. Barucq, est maintenant déconseillée par presque tous les dictionnaires hébreux.

(117) On pourrait également envisager une autre solution : transférer le *mem* de *mikkol* au verset précédent pour former un *plurale excellentiae marpē'īm* // *ḥayyîm*, et obtenir ainsi un *accusativus instrumentalis* au début du v 23 : « Avec toute vigilance ». Il resterait une difficulté : le mot *marpē'*, qui ne se trouve qu'au singulier en Hébreu.

Proscris loin de toi la fausseté de la bouche,
Et la déviation des lèvres, éloigne-la de toi.

Le parallélisme de *peh* et *śᵉpātayīm* est fréquent en Hébreu, mais aussi dans les textes ougaritiques, p. e. *UT* texte 68,6 : [*b*]*ph rgm lyṣa bšpth hwth* : « De sa bouche sortit clairement ([118]) sa ([119]) parole, de ses lèvres son discours ». Texte 77,45s : *hn bpy sprhn bšpty mnthn* : « Voici, dans ma bouche est leur chiffre, sur mes lèvres leur nombre ». Cf. aussi texte 1001,4s.

Prov 4,25

ʿênèkā lᵉnōkaḥ yabbîṭû
wᵉʿapʿappèkā yêširû negdekā
Que tes yeux regardent en face
Et que tes pupilles scrutent devant toi.

ʿênèkā est parallèle à *wᵉʿapʿappèkā* et *lᵉnōkaḥ* à *negdekā* ; on peut donc supposer un parallélisme entre *yêširû* et *yabbîṭû*.

P. Boccaccio ([120]) a signalé les synonymes *ṭwb* et *yṭb* ; *yqṣ* et *qyṣ*. M. Dahood ([121]) y a ajouté *kwn* et *ykn* ; *yrm* et *rwm*. On peut probablement joindre *yšr* et *šwr* à ces exemples ([122]). Ce dernier verbe est assez fréquent, surtout en Job, où en 35,5 il est en parallélisme avec *rāʾâ* et *hibbîṭ* comme en Prov 4,25 :

habbēṭ šāmayīm ûrᵉʾēh
wᵉšûr šᵉḥāqîm gābᵉhû mimmekā
Considère les cieux et regarde
Vois comme les nuages sont plus élevés que toi !

---

(118) « clairement » pour exprimer la nuance emphatique, donnée par le lamed emphatique de *lyṣa*.

(119) « sa » parole : le suffixe provient du parallèle *hwth*.

(120) *Or* 32 (1963) 498.

(121) *Psalms I* 118.

(122) Pour toute cette question voir A. Sperber, *A Historical Grammar of Biblical Hebrew* (Leiden 1966) 593ss. L'auteur défend le point de vue selon lequel tous les verbes faibles sont biconsonantiques ; qu'ils admettent une troisième consonne, mais que celle-ci n'est pas toujours la même pour la même racine : p.e. *šsh* et *šss* ; *nṣʾ* et *yṣʾ* ; *ybš* et *bwš*. (Cf. *ytn* et *ntn*, M. Dahood, *Biblica* 46 [1965] 324s).

Prov 5,1-2

b^e^nî l^e^ḥokmātî haqšîbâ
litbûnātî haṭ-'oznekā
lišmōr m^e^zimmôt w^e^da'at
ś^e^pātèkā yinnaṣ^e^rû
Mon fils, sois attentif à ma sagesse,
A mon intelligence prête l'oreille ;
En observant prudence et expérience,
Tes lèvres seront surveillées.

A propos de 5,2 Toy écrit : « The text is in disorder, and can be only conjecturally restored». Quant à lui, il propose une lecture très différente du TM, tandis que BH^3 en propose encore une autre. Et pourtant, si l'on décide, en comptant les syllabes, de placer le *atnaḥ* sous *w^e^da'at*, le texte ne semble plus très « corrompu».

En considérant *lišmōr* comme un infinitif construit qui, précédé de la préposition *l^e^*, spécifie l'action du verbe principal ([123]) pour exprimer une circonstance, on évite une construction finale qui rend la version du deuxième stique presque impossible. On trouve d'autres cas de cet infinitif de circonstance dans le Livre des Proverbes : *l^e^dōm* (1,11.18) ; *la'ănôt* (15,28).

Avec la vocalisation niphal *yinnaṣ^e^rû*, le deuxième stique exprime une idée qui revient en Ps 141,3, où le psalmiste demande à Dieu que sa bouche et ses lèvres soient surveillées et gardées : *šîtâ YHWH šām^e^râ l^e^pî niṣṣ^e^râ 'al-dal ś^e^pātāy* : « Etablis, Jahweh, une sentinelle à ma bouche et surveille, o Très Haut, la porte de mes lèvres» ([124]). Noter aussi Prov 13,3a *nōṣēr pîw šōmēr napšô* : « Celui qui surveille sa bouche garde son âme» ; Si 28,25s : « Pour tes paroles, fais une balance et un poids, pour ta bouche, fais une porte et un verrou. Veille bien à ne pas faillir par elle, de peur de tomber devant celui qui tend des pièges».

([123]) Joüon, *Grammaire* § 124^l^.

([124]) La construction *nṣr 'l* ne se rencontre jamais ailleurs. C'est pourquoi l'explication de *'al* comme titre divin à côté de *'ēlî* (M. Dahood, *Psalms I* 46. 117 ; *Psalms II* 38) pourrait bien être la meilleure. La construction du verset deviendrait : a + b + c // a' + b' + c'.

Prov 5,3

kî nōpet tiṭṭopnâ śiptê zārâ
wᵉḥālaq (!)-miššemen ḥikkāh
litt. : Car les lèvres de l'étrangère coulent du miel
Et son palais est glissant d'huile.

Les termes *šemen* et *nōpet* se trouvent en parallélisme dans les textes d'Ougarit (12,2 ; 49,III,6s,12s), surtout le texte 49 qui peut nous aider à mieux comprendre notre verset : *šmm šmn tmṭrn nḫlm tlk nbtm* : « Les cieux pleuvent de l'huile et les ruisseaux coulent du miel». *šmn* et *nbtm* relèvent tous les deux probablement de l'accusatif instrumental, fréquent devant le verbe ([125]). Le premier accusatif précède ici le verbe, tandis que l'autre le suit ; en Prov 5,3 *nōpet* du premier stique est vraisemblablement aussi un accusatif instrumental.

Le parallélisme entre *šemen* et *nōpet* et entre *ḥikkāh* et *śiptê zārâ* suggère un parallélisme entre *ḥālaq* et *tiṭṭōpnâ*. Dans ce cas *ḥālaq* serait une forme verbale.

Noter aussi l'ougaritique *nbt* = l'hébreu *nōpet*, où l'on a un exemple du changement de *p* et *b*, traité à l'occasion de Prov 1,19.

Dans *PNWSP* 33 M. Dahood a attiré l'attention sur la racine *zwr* « couler» d'où l'on peut sans doute déduire un jeu de mots sur *śiptê zārâ* « les lèvres de la femme étrangère/éloquente» ([126]).

([125]) Pour l'accusatif instrumental cf. p.e. :
ʿnt,II,40s : *ṭl šmm tskh rbb tskh kbkbm* :
« Avec de la rosée les cieux l'oignent, avec de l'averse l'oignent les étoilcs».
Ps 104,15 : *wᵉyayin yᵉśammaḥ lᵉbab-ʾĕnôš* :
« Et avec du vin Il réjouit le cœur de l'homme».

([126]) Pour le « jeu de mots» dans l'Ancien Testament, voir E. M. Casanowicz, « Paranomasia in the Old Testament», *JBL* 12 (1893) 105-167 (spéc. 112-114 et 165, où l'auteur en donne plus de 200 exemples dans la Bible hébraïque) ; G. Boström, *Paranomasi i den äldre Hebreiska Maschallitteraturen med särskild hänsyn till Proverbia* (Lund 1928) ; L. Alonso Schökel, *Estudios de Poética Hebrea* (Barcelona 1963) spéc. 71-117. Le P. Dahood considère ce verset comme l'un des cas de forme verbale énergique (*Psalms I* 49). La version serait alors : « Les lèvres de l'étrangère sont du miel qui coule et son palais de l'huile qui glisse».

Prov 5,5

raglèhā yōr^edôt māwet
š^e'ôl ṣ^e'ādèkā yitmōkû
Ses pieds descendent vers la Mort
Ses pas dévalent vers le Sbéol.

māwet : « royaume de la Mort, Shéol» comme en Prov 7,27 ; Ps 6,6 ; Jb 28,22 ; 30,23.

yitmōkû : dans son commentaire de Ps 16,5 M. Dahood a signalé la racine *ymk* = *mkk* « tomber, descendre » ([127]). En Ps 16,5 *yāmak* // *nāpal*. En Prov 5,5 *yitmōkû* pourrait bien être une forme verbale avec *t-infixum* de ce verbe. Avant la découverte des textes ougaritiques on avait déjà quelques exemples de la forme verbale avec *t-infixum* après la première consonne :

L'inscription d'Ahiram (*KAI* 1,2), qui en donnait deux cas : *tḥtsp ḥṭr mšpṭh thtpk ks'* : « Que son sceptre soit brisé et que son trône royal soit renversé».

L'inscription de Meša où le verbe *lḥm* « lutter, faire la guerre» apparait avec *t-infixum* : *'ltḥm, hltḥmh* et *hltḥm* (*KAI* 181, 11.15.19.32).

Par la suite on reconnut en Ougaritique la place importante prise par la conjugaison à *t-infixum* (*UT* § 9.33) p. e. : 126,V,25s : [*a*]*nk iḥtrš* : « Je ferai de la magie». — 49,VI,24s : *ik tmtḫṣ 'm aliyn b'l* : « Comment peux-tu lutter avec Aliyn Baal ?» Noter aussi comment un même verbe est employé avec ou sans *t-infixum* (réflexif et transitif) : Krt 156 : *yrtḥṣ wyadm yrḥṣ ydh* : « Il se lavait et se mettait du rouge, il se lavait les mains». M. Dahood a défendu contre G. Garbini ([128]) l'existence de formes verbales avec *t-infixum* en Hébreu ([129]). Les exemples les plus clairs étant : Prov 22,3 (= 27,12) : *'ārûm rā'â*

([127]) Cf. aussi la racine *mwk* en Hébreu : « tomber dans la pauvreté ; s'appauvrir».

([128]) G. Garbini, *Il Semitico di Nord-Ovest* (Napoli 1960) 130 : « Il riflessivo con t infissa dopo la prima radicale è attestato soltanto nel più antico dialetto di Biblo. E' perciò evidente che il fenicio rivela ... una progressiva riduzione dei temi verbali, testimoniata dal rapido cadere in disuso del tema con t infissa e dalle scarse attestazioni di passivo interno. Tale riduzione investe del resto anche gli altri dialetti del primo millennio, come si vede dal fatto che, mentre il moabitico del IX secolo a. Cr. conserva ancora il tema riflessivo con t infissa, questo è ormai scomparso in ebraico».

([129]) *ZAW* 74 (1962) 207-209 ; *Or* 32 (1963) 498s ; *PNWSP* 45s. 54 ; *Psalms I* 327.

rāʿâ wᵉyistār : « L'homme prudent voit le danger et s'écarte». Cf. Prov 3,7. — Prov 27,15 : *delep ṭōrēd bᵉyôm sagrîr wᵉʾēšet midwānîm ništāwâ* : « Une gouttière qui n'arrête pas un jour de pluie et une femme querelleuse sont comparables». (On pouvait lire, dans l'*Hebräische Grammatik* (130) de Gesenius–Kautzsch : « In *ništāwâ* könnten *w* und *t* aus euphonischen Gründen versetzt sein ; doch ist wohl einfach *nišwātâ* zu lesen». Mais il s'agit plus probablement d'une forme à *t-infixum* de *šāwâ* « être semblable, comparable».) — Is 50,6 : *pānay lōʾ histartî mikkᵉlimmôt wārōq* : « Je ne détournais pas ma face des opprobes et du crachat». L'expression *histîr panāyw* est fréquente dans la Bible. La LXX et la Vulgate la traduisent souvent comme s'il s'agissait d'une forme de *sûr*. (Pour d'autres exemples probables de forme verbale à *t-infixum*, cf. infra Prov 14,18 ; 27,5).

Prov 5,6

ʾōraḥ ḥayyîm pānāt pallēs (TM *pen-tᵉpallēs*)
naʿû maʿgᵉlôtèhā lōʾ tēdāʿ
Le chemin de vie se fourvoie insensiblement
Ses sentiers s'égarent à son insu.

Toy (131) enumère de nombreuses difficultés au sujet de ce verset. Avec presque tous les autres traducteurs il estime impossible de maintenir *pen*, et admet son remplacement par *lōʾ* ou *bal*. Frankenberg, pour sa part, ne traduit pas 6a et dit simplement : « 6a ist auf die verschiedenste Art übersetzt, aber keine der gegebenen Erklärungen ist befriedigend».

On évite beaucoup de ces difficultés et on sauvegarde le texte consonantique si l'on vocalise *panat* (ou : *pānᵉtā*) *pallēs* : « il se fourvoie en aplanissant, en égalisant», de là peut-être : « il se fourvoie sans à-coups, insensiblement». *pallēs* serait un infinitif absolu qui « continue le verbe précédent et qui exprime surtout une circonstance relative à l'action du verbe précédent» (132).

ʾōraḥ ḥayyîm : « le chemin de vie» ; on pourrait traduire « son chemin de vie» au sens de « le chemin de sa vie». Le suffixe de *maʿgᵉlôtèhā* pourrait influencer le terme parallèle *ʾōraḥ* par le principe

(130) § 75x.
(131) *Proverbs* 105 et 107.
(132) Joüon, *Grammaire* § 123r.

d'ellipse (133). De cette manière le parallélisme de ce verset est meilleur et l'idée suit bien celle du verset précédent.

Prov 5,9

pen-tittēn la'ăḥērîm hôdekā
ûšenōtekā le'akzārî
Pour que tu ne donnes pas ton honneur aux autres
Et tes années à quelqu'un de cruel.

'akzārî, peut-être *'akzārāy*, forme collective en *-ay* (voir discussion Prov 3,15). L'étymologie de ce mot est difficile ; on le relie à une racine *kzr* « être cruel ».

Deux pistes de recherche pourraient être proposées ici. D'une part il semble que *'akzārî* soit parfois utilisé pour désigner la Mort :

Prov 17,11 : *'ak-merî yebakkeš-rā'*
ûmal'ak 'akzārî yešullaḥ-bô
Le rebelle (134) cherche sûrement le mal
Eh bien, un messager du Cruel sera envoyé contre lui.
Jr 30,14 : *kî makkat 'ôyēb hikkîtîk mûsar 'akzārî*
Parce que je t'ai frappé par le coup de l'Ennemi,
Avec le châtiment du Cruel.

Dans le contexte de ce dernier verset, Jr 30,12-15, on parle de briser (*šbr*) sans guérison, d'une blessure mortelle (cfr Prov 4,22). A propos de *mûsar 'akzārî* de Jr 30,14 se reporter à Prov 15,10 : « Châtiment du Mauvais (= Mort : *mûsar rā'*) pour celui qui abandonne le chemin, celui qui méprise la remontrance mourra ». D'autre part, dans le texte ougaritique 52,23.58.61 nous trouvons le mot *agzrym* : il s'agit des « Dieux Gracieux » qui sont décrits dans les lignes 62-76 comme des « voraces » : ils ont un appétit insatiable. Driver, Aistleitner et Gordon n'ont pas relié la racine *gzr* de *agzrym* à l'hébreu *gāzar* « découper un morceau avant de le dévorer », comme en Is 9,19. Peut-être pourrait-on, très prudemment, se demander si nous n'avons pas en *'akzārî* un cas de dissimilation, de sorte qu'il serait à relier à la racine *gāzar*, comme *bazar* et *pazar* ; oug. *ṯpd* et hébr. *šapat* (135). De toute façon,

(133) Pour l'ellipse voir la discussion de Prov 5,16.

(134) *merî* litt. « rebellion », ici *abstractum pro concreto* : « rebelle ». Voir note Prov 2,7s et Scott, *Proverbs* 111.

l'image de la mort, monstre vorace est bien attestée ([136]), même si on ne la trouvait pas dans le terme *'akzārî*.

Prov 5,14

kimʿaṭ hāyîtî bᵉkol-rāʿ
bᵉtôk qāhāl wᵉʿēdâ
Pour un peu j'aurais été au comble du malheur,
Au milieu de l'assemblée et du rassemblement.

Dans ce chapitre qui parle des relations avec « l'étrangère », on peut distinguer trois sections : 1-6 ; 7-14 et 15-23 : chaque section débute par un avertissement du père et se termine par une description de la fin, qui, en 5s et 22s, est la mort. On peut donc s'attendre à une conclusion semblable pour la deuxième section : l'expression « la chair et le corps sont consommés » du v 11 est fréquente dans les lamentations, où le psalmiste se voit déjà dans le Shéol.

Le *qāhāl* et le *ʿēdâ* du deuxième stique ne sont peut-être pas l'assemblée judiciaire comme on le pense généralement, mais plutôt l'assemblée des habitants de la Fosse (en Ez 32, passim, on trouve : « l'assemblée des descendus, au milieu — *bᵉtôk* — desquels les ennemis d'Israel descendent). En Prov 21,16 et 26,26 *qāhāl* a la signification de « l'assemblée des ombres ou des morts », les *yôrᵉdê bôr* de Prov 1,12.

bᵉkol rāʿ serait alors vraiment « le comble du malheur », comme le traduit A. Barucq, car il s'agirait du malheur principal : la mort.

Noter dans ce verset la séquence *bᵉ-bᵉtôk* Dans les textes poétiques ougaritiques et hébreux les prépositions lourdes *bᵉtôk* ou *mittôk* (p.e. dans le verset suivant) sont parallèles aux prépositions simples, pour l'équilibre métrique ou comme variations. La séquence *bᵉ-bᵉtôk* revient encore en Prov 8,20 ; 22,13 et 27,22.

Prov 5,16

yāpûṣû maʿyᵉnōtèkā ḥûṣâ
bārᵉḥōbôt palgê-māyīm
Tes fontaines, s'écouleraient-elles au dehors?
Sur les places publiques tes ruisseaux? ([137])

([135]) Une explication très différente du terme *'akzārî* vient d'être proposée par C. Rabin, VTS 16 (1967 [Festschrift Walter Baumgartner]) 219-225. Il relie la racine *kzr* à l'arabe *qḏr* « sale ; insociable ».

([136]) Voir la discussion de Prov 1,12.

([137]) Noter les particularités poétiques de ce verset : la séquence chiastique

Si l'on veut éviter des irrégularités dans ce verset, on est obligé :

a) ou de suprimer le suffixe pronominal de *maʿyᵉnōtèkā* pour avoir une constatation tout à fait générale ; ainsi p. e. J. van der Ploeg : « Lopen putten soms over naar buiten, waterbeken over de pleinen ? » [138]

b) ou d'ajouter, d'une manière ou d'une autre, un suffixe pronominal à *palgê-māyīm*. Or, il ne semble plus nécessaire maintenant de changer le texte consonantique pour obtenir ce résultat, car le principe d'ellipse suffit pour expliquer ce manque de pronom personnel.

De fait, en 1948 G R. Driver [139] montra, que « in Ugaritic poetry, when a pronominal suffix is attached to one noun, its force may be carried through to the parallel noun, which may then dispense with the corresponding suffix » [140].

Par exemple :

2Aqht,I,26s : *wykn bnh bbt šrš bqrb hklh* :
Et son fils sera installé dans sa maison,
Sa progéniture dans son palais.

2 Aqht,VI,36s : *spsg ysk [l]riš ḥrṣ lẓr qdqdy* :
De la glaçure sera versée sur ma tête,
Du plâtre sur mon crâne.

De là Driver a appliqué le principe, qu'il avait découvert dans les textes ougaritiques, aux textes poétiques de la Bible [141]. Il en a donné quelques exemples, et des études plus récentes [142] en ont ajouté plusieurs dizaines. Actuellement, aucun doute ne peut subsister : il

---

a + b + c // c′ + b′, et le principe « Ballast Variant » qui explique la longueur des expressions du deuxième stique : elles y compensent ainsi l'absence d'un élément a′, le verbe.

[138] *Spreuken* 29 : « Des puits, est-ce qu'ils se déversent au dehors, et des ruisseaux sur les places ? » Scott, *Proverbs* 55 traduit, sans explication : « Lest your springs overflow in public like rivulets in the open streets ».

[139] « Hebrew Studies », *JRAS* (1948) 164-176, spéc. 164s.

[140] *JRAS* (1948) 164.

[141] Franz Delitzsch, *Biblischer Kommentar über die Psalmen* (Leipzig 1894⁵) 666 avait appliqué ce principe à Ps 107,20 et 139,1, mais ses remarques n'ont pas été prises en considération jusqu'aux découvertes ougaritiques.

[142] M. Dahood, *CBQ* 16 (1954) 249 ; *Biblica* 37 (1956) 338-340 ; *Biblica* 42 (1961) 384 ; *Gregorianum* 43 (1962) 68 ; *PNWSP* 16 ; *UHP* 38s ; *Psalms I* 326 ; D. N. Freedman, *IEJ* 13 (1963) 125s ; l'étude la plus complète est Chr. Brekelmans, « Pronominal Suffixes in the Hebrew Psalms », *JEOL* 17 (1963) 202-206, qui donne plus de 70 exemples, tirés du Psautier.

s'agit bien ici d'une caractéristique du style poétique ; on ne peut pas expliquer tous ces cas comme des erreurs, commises par les copistes, tout en citant la LXX qui rétablit plusieurs fois le suffixe manquant, car « that the ancient Vss of the O. T. do not recognize this rule but provide both of two such parallel nouns with the pronominal suffix is no proof that both suffixes may have stood in the original text ; for the idiom of the languages in which they are written will not have tolerated what is to Western eyes so intolerable an ellipse » ([143]).

Généralement, les traducteurs n'ont pas cherché à systématiser leurs solutions. Ce que Chr. Brekelmans ([144]) dit du commentaire sur les Psaumes de H. J. Kraus est valable pour presque toutes les versions :

1) On traduit un seul suffixe
2) On traduit deux suffixes
3) On place le suffixe suppléé entre parenthèses
4) On propose de suppléer le suffixe qui manque ([145]).

Parmi les exemples déjà traités, on peut citer pour le Livre des Proverbes :

8,28 : *beʾammeṣô* – *baʿăzôz* ([146])
14,24 : *ʿăšerām* – *iwwelet* ([147])
27,23 : *ṣōʾnekā* – *ʿădārîm* ([148])

Y ajouter :

4,22 : *lemōṣeʾêhem* – *lekol biśśerû* (!)
7,4 : *ʾăḥōtî* – *mōdāʿ*
7,16 : *ʿarśî* – *ḥăṭūbôt*
8,7 : *ḥikkî* – *tôʿăbat* (?)
10,1 : *ʾāb* – *ʾimmô*
19,16 : *miṣwâ* – *derākāyw*
20,29 : *kōḥām* – *śêbâ*
26,26 : *śinʾâ* – *rāʿātô*
27,18 : *teʾēnâ* – *ʾădōnāyw*

([143]) G. R. Driver, *JRAS* (1948) 165.
([144]) *JEOL* 17 (1963) 203.
([145]) La traduction ou l'omission du suffixe dépend naturellement aussi de la langue de la version.
([146]) *PNWSP* 16.
([147]) *PNWSP* 32.
([148]) G. R. Driver, *JRAS* (1948) 164.

31,11 : *bāh* – *šālāl*
31,27 : *bêtāh* – *leḥem*

On pourrait vraisemblablement ajouter à cette liste un exemple phénicien du même phénomène : *KAI* 12,4 : *ybrk wyhww* : Donner–Röllig traduisent : « Sie mögen segnen und ihn am Leben erhalten». Ne serait-il pas mieux de traduire : « Qu'ils *le* bénissent et le gardent en vie»?

Ce qu'on vient de dire sur l'ellipse du suffixe pronominal, vaut, *mutatis mutandis*, pour l'ellipse de la préposition. Les grammaires, qui n'ont rien sur l'ellipse du pronom, ont presque toutes consacré un paragraphe à cette forme d'ellipse ; Gesenius–Kautzsch écrit : « Die Rektionskraft einer Präposition erstreckt sich bisweilen innerhalb des sog. dichterischen Parallelismus noch auf das entsprechende Substantiv des zweiten Glieds» (149). Parmi les exemples déjà identifiés dans les textes ougaritiques, on peut citer :

ʿnt,II,25-27 : *ymlu lbh bšmḫt kbd ʿnt tšyt* :
Son cœur est rempli de joie,
Le foie d'Anat de triomphe (150).
Krt 210s : *ymǵy ludm rbt wudm* [*ṯr*]*rt* :
Il vient vers Grand Udm et Petit Udm (151).

Le Livre des Proverbes n'a pas encore été analysé en ce qui concerne ces cas d'ellipse de la préposition. On pourrait penser à un certain nombre d'exemples, comme :

3,18 : *lammaḥăzîkîm* – *w^etōm^ekehā*
5,22 : *ʿăwōnôtāyw* – *b^eḥablê ḥattā'tô*

(149) § 119hh. Exemples, plus ou moins sûrs, notés par cette grammaire :
b^e : Is 40,19 ; 48,14 ; Jb 15,3.
l^e : Is 28,6 ; 42,22 (?) ; Ez 39,4 ; Jb 34,10 ; Gn 45,8 (?).
l^emaʿan : Is 48,9.
min : Is 58,13.
ʿad : Is 15,8.
taḥat : Is 61,7.

Cf. Joüon § 132g : « En poésie, dans le cas de deux membres parallèles, la préposition est parfois sous-entendue devant le nom du second membre ; les exemples critiquement sûrs sont peu nombreux : Is 15,8 et 48,9».

(150) Cf. *UHP* 41.

(151) C. H. Gordon *UT* 97 n. 2 ; cf. Krt 108s : *wtmǵy ludm rbt wl udm ṯrrt* : « Es tu iras vers Grand Udm et vers Petit Udm».

10,20 : *kesep nibḥār* – *kimʿāṭ*
14,35 : *leʿebed maśkîl* – *mēbîš*
15,24 : *lemaʿlâ* – *māṭṭâ*
24,34 : *mithallēk* – *keʾîš māgēn*
27,27 : *leleḥem* – *weḥayyîm*
31,31 : *mippeʳî yādèhā* – *maʿăśèhā*

Prov 5,17-19

Plusieurs des problèmes concernant ces versets ont déjà été traités par M. Dahood, *PNWSP* 12s et *UHP* 26.

18b : *ûśemaḥ mēʾēšet neʿûrekā*
« Et jouis de la femme de ta jeunesse. »

Une lettre d'Ougarit ([152]) disait clairement : *wum tšmḫ mab* : « Et que ma mère jouisse de mon père ». La construction avec la préposition *b*, si elle est plus commune, n'est donc pas exclusive comme le montre aussi Prov 5,18b. Dès lors Aistleitner ([153]) n'a pas le droit de changer le texte en *wum tšmḫ* [ʿ]*m ab*.

19b : *dōdèhā* (!) *yerawwūkā bekol-ʿēt*
beʾahăbātāh tišgeh tāmîd
Que son amour t'énivre en tout temps
Sois toujours épris de son affection.

Quelques commentateurs ([154]) hésitent sur la vocalisation du premier mot *daddèhā* « ses seins » ou *dōdèhā* « son amour, son affection ». La première vocalisation suit le TM tandis que la seconde s'accorde avec la LXX et Prov 7,18, où l'on retrouve le verbe *rāwâ* avec *dōdim*.

Un nouvel argument, tiré de ʿnt,III,3-5, s'offre maintenant à l'appui de la seconde hypothèse :

yd pdry bt ar — la dilection de Pdry fille de lumière,
ahbt ṭly bt rb — l'affection de Ṭly fille de pluie,
dd arṣy bt yʿbdr — l'amour d'Arṣy fille de Yʿbdr.

Nous trouvons ici *yd* // *ahbt* // *dd*. Or les deux derniers mots sont en parallélisme en Prov 5,19b. L'Ougaritique exclut la confusion, car

([152]) *UT* texte 1015,10s.
([153]) *Wörterbuch* 2626.
([154]) Frankenberg, *Sprüche* 44 ; Toy, *Proverbs* 115.

les racines y sont différentes : *dd* = amour et *ḏd* = sein ; ce dernier mot a deux autres formes :

ṯd = hébr. *šad*
zd = hébr. *zîz* (Is 66,11)

L'argument du parallélisme ougaritique ne doit pas être sous-estimé, en effet on a déjà signalé plus d'une centaine de ces rapprochements utilisés de manière identique en Ougaritique et en Hébreu ([155]). Ce phénomène peut être très utile quand on a affaire à un texte obscur en Hébreu ou en Ougaritique. Une vingtaine de cas semblables sont signalés dans les présentes notes.

(La vocalisation *daddèhā* dans notre verset est probablement due à la parole *ḥēq* du verset suivant.)

Prov 5,21

La plupart des dictionnaires, reconnaissant le parallélisme, ont traduit *pillēs*, dans ce verset, par « observer », signification qui s'est ajoutée à la première « applanir, égaliser ». On ne peut donc que s'étonner devant la confusion faite par H. Donner et W. Röllig entre ces deux significations, lorsqu'ils disent : « *pls* ' Nivellierer ', vgl. hebr. *pls* ' beobachten ' » ([156]).

Prov 5,22

ʿăwônôtāyw ylkdnw (TM *yilkedūnô*) *'et-hārāšāʿ*
ûbeḥablê ḥaṭṭā'tô yittāmēk

Selon la vocalisation du TM on doit traduire :

Ses méfaits l'emprisonnent, le méchant,
Et dans les liens de son péché il est enserré.

On signale souvent une difficulté dans le premier stique : beaucoup de commentateurs ([157]) considèrent *'et-hārāšāʿ* comme une glose. Pour Toy ([158]), la meilleure solution serait la correction suivante : *beʿăwônô-*

([155]) D. Cassuto, *La déesse Anath* (en Hébreu) (Jérusalem 1951) 24-28 ; Moshe Held dans une dissertation, inédite, inscrite dans la bibliothèque de la Johns Hopkins University.

([156]) *KAI* Band II, p. 99.

([157]) Ainsi Frankenberg, Toy, Gemser, BH³.

([158]) *Proverbs* 118.

tāyw yillākēd hārāšā'. De fait, l'expression « les méfaits emprisonnent le méchant » serait unique, alors que des expressions telles que « le méchant est emprisonné dans ses méfaits » se trouvent p. e. en Prov 6,2 ; 11,6 ; Ps 59,13 ; Qo 7,26. C'est ainsi que la Bible de Jérusalem la traduit, mais sans note explicative. Une justification grammaticale ne semble pourtant pas impossible : En premier lieu, les grammaires([159]) notent un phénomène particulier en hébreu : le sujet d'un verbe passif peut être précédé de la particule accusative *'et* : il s'agit alors d'une forme de passif impersonnel. Aux exemples énumerés dans ces ouvrages on pourrait probablement ajouter le présent verset et Prov 16,33.

D'autre part, plusieurs auteurs ([160]) ont signalé la forme inhabituelle *yilkᵉdūnô*. Il pourrait s'agir ici d'une forme énergique du niphal *yillākēdannô* ([161]). Enfin le terme *'ăwônôtāyw*, parallèle à *ûbᵉḥablê ḥaṭṭā'tô*, se trouve être sous l'influence de la préposition *bᵉ* de *bᵉḥablê* selon le principe d'ellipse, étudié dans la discussion de Prov 5,16.

A propos de la forme énergique, dont on trouve probablement un exemple ici, une brève discussion ne semble pas superflue. Gesenius–Kautzsch énumère neuf cas de cette forme et conclut : « Bei dieser geringen Anzahl von Beispielen ist man kaum berechtigt, in den genannten Stellen die Reste einer emphatischen Imperfektbildung zu finden (analog dem *Modus energicus* I mit der Endung *ănnă* im Arab.) » ([162]). L'emploi fréquent de cette forme en ougaritique ([163]) a de nouveau attiré l'attention des philologues qui, ces dernières années, en ont retrouvé plusieurs exemples très clairs, généralement mal vocalisés par les Massorètes ([164]). Quelques exemples ougaritiques :

49,II,31-35 : *bḥrb tbq'nn bḥṯr tdrynn bišt tšrpnn brḥm tṭḥnn bšd tdr'nn* :
« Avec un glaive elle le fend, avec un van elle le vanne,

([159]) Par ex. Gesenius–Kautzsch, *Grammatik* § 121b ; Joüon, *Grammaire* § 128b.

([160]) Gesenius–Kautzsch, *Grammatik* § 60e ; Bauer–Leander, *Historische Grammatik* 338.

([161]) La dernière voyelle *-ô* peut être une vocalisation phénicienne remplaçant la forme plus fréquente *-â*. A moins que ce ne soit une vocalisation maladroite des Massorètes déroutés par cette forme énergique. On peut dire la même chose de *yēdā'annô* (TM *yāda'nû*) de Prov 24,12.

([162]) § 47k ; cf. Bauer–Leander, *Historische Grammatik* 338.

([163]) Cf. C. Gordon, *UT* § 9.11.

([164]) M. Dahood, *Psalms I* 49 en donne une vingtaine, fournis par G. R. Driver et D. N. Freedman ou mis en lumière par ses propres recherches.

avec du feu elle le brûle, entre les meules elle le broie,
dans le champ elle le sème».

2 Aqht,V,26 : *bd dnil ytnn qšt* : « Il met un arc dans la main de Danel» ([165]).

Pour le Livre des Proverbes, on a proposé de reconnaître comme cas de *forma energica* :

1,20 et 8,3 : *tārōnnâ* ([166])
5,3 : *tittōpānnâ* ([167])
12,25 : *yašḥinnâ* ; *y^e śamm^e ḥennâ* ([168]).

A ces trois exemples il faudrait sans doute ajouter :

5,22 : *yillākēdannô*
24,12 : *yēdaʿannô.*

M. Dahood découvrit récemment ([169]) un nouveau schéma stylistique dans la poésie hébraïque, auquel il donna le nom de « double-duty modifier». Il s'agit d'une partie du verset qui spécifie à la fois le premier et le deuxième stique. Les versions anciennes et les Massorètes semblent bien ne pas s'être rendus compte de l'existence d'un tel schéma. Un nombre très inégal de syllabes des deux stiques peut en être un bon indice, de même que le chiasme. P. e. :

Ps 119,174	*tāʾabtî lîšûʿat^e kā*	8
	YHWH	2
	(TM *w^e-*)*tôrāt^e kā šaʿăšūʿāy*	8
	J'ai désir de ton salut,	
	Jahweh,	
	Ta loi fait mes délices ([170]).	

([165]) D'autres exemples chez C. Gordon, *UT* § 9.11.

([166]) Gesenius–Kautzsch, *Grammatik* § 47k ; *PNWSP* 3s.

([167]) *Psalms I* 49. Voir toutefois la discussion de ce verset, ci-dessus.

([168]) *PNWSP* 27.

([169])« A New Metrical Pattern in Biblical Poetry», *CBQ* 29 (1967) 574-579.

([170]) *CBQ* 29 (1967) 576 : « With the detachment of vocative *yhwh*, the first colon's eight syllables perfectly balance the eight syllables of the final colon that is not introduced by the copula in 11QPs^a. The lack of conjunction in the Qumrân manuscript combines with stylistic considerations to show that MT *w^e* is incorrect, and that the Masoretes did not appreciate this metrical pattern».

Ps 84,3 *niks^{e}pâ w^{e}gam-kāl^{e}tâ napšî* 10
l^{e}ḥaṣ^{e}rôt YHWH 6
libbî ûb^{e}śārî y^{e}rannēnû (TM *y^{e}rann^{e}nû*) 10
Mon âme soupire et languit
après tes parvis, Jahweh,
mon cœur et ma chair tressaillent ([171]).

Prov 7,18 *l^{e}kâ nirweh dōdîm* 6
ʿad habbōqer 4
nitʿal^{e}sâ boʾŏhābîm 8
Viens, énivrons-nous d'amour
jusqu'au matin
Livrons-nous à la volupté ([172]).

Ce dernier exemple est le seul, des quelques trente cas signalés par l'auteur, à ne pas provenir du Livre des Psaumes ([173]). Si l'on applique ce schéma à notre verset on obtient la version suivante :

ʿăwônôtāyw yillākēdannô 9
ʾet-hārāšāʿ 4
(TM *û-)b^{e}ḥablê ḥaṭṭāʾtô yittāmēk* 9
Dans ses propres méfaits est pris
le méchant
est capturé dans les liens de ses péchés.

Prov 6,2

nôqaštā b^{e}ʾim^{e}rê pîkā
nilkadtā b^{e}ʾim^{e}rê pîkā
Si tu t'es lié par les paroles de ta bouche,
Si tu t'es pris par les paroles de ta bouche.

On propose très souvent ([174]) la correction *bidbar ś^{e}pātèkā* pour le premier *b^{e}ʾim^{e}rê pîkā*. Selon A. Barucq : « La redite finale des 2 stiques du v 2 paraît suspecte. La LXX porte : ‘ Car c'est un filet solide pour un homme que ses propres lèvres, et il est lié par les lèvres de sa bouche.' Cop Bod. VI un peu différent. On pourrait lire

([171]) D. N. Freedman (inédit), cité par M. Dahood, *CBQ* 29 (1967) 578.
([172]) *CBQ* 29 (1967) 579.
([173]) L'auteur précise que ce schéma ne figure pas exclusivement dans les psaumes, mais les exemples cités sont le fruit de ses recherches personnelles sur le psautier.
([174]) Ainsi BH^{3}, BJ, Gemser, Scott (?).

2a : ‘ Si tu t’es lié par les propos de tes lèvres ’» ([175]). En fait ce n’est pas nécessaire : dans la poésie hébraïque et ougaritique les deux stiques parallèles répètent souvent les mêmes termes : p. e.

Ps 77,2 Vers Dieu ma voix, et je crie
Vers Dieu ma voix, et il me prêtera l’oreille.
Prov 3,13 Heureux l’homme qui a trouvé la sagesse
Et l’homme qui a acquis l’intelligence ([176]).
2 Aqht,V,31-33 *tbʿ kṯr lahlh hyn tbʿ lmšknth*
Kothar partit vers sa tente,
Hiyan partit vers sa demeure ([177]).
49,V,2s *rbm ymḫs bktp dkym ymḫs bṣmd*
Il frappa les puissants avec une matraque (?)
Il frappa les tyrans (?) avec une massue.

Prov 6,5

hinnāṣēl kiṣbî miyyād
ûkᵉṣippôr (ûkᵉṣapîr?) miyyad yāqûš
Libère-toi comme une gazelle du piège,
Et comme un oiseau (un bouc?) du piège qu’on a tendu.

Le parallélisme entre *miyyād* et *miyyad yāqûš* est un très bel exemple du phénomène stylistique « Ballast Variant » : un terme important du premier stique, qui n’a pas de contrepartie dans le deuxième, est presque toujours compensé par d’autres expressions du stique, généralement plus longues que leurs parallèles du premier stique. Gordon a consacré à ce phénomène un paragraphe de sa grammaire ougaritique (11.116), où il donne une série d’excellents exemples, e.a. :

1 Aqht,42-44 : *šbʿ šnt yṣrk bʿl ṯmn rkb ʿrpt*
Pendant sept ans déclinait Baal,
pendant huit le Cavalier des Nuées.
2 Aqht,I,26s : *wykn bnh bbt šrš bqrb hklh*
Et que son fils soit installé dans sa maison,
Sa progéniture au milieu de son palais.

([175]) A. Barucq, *Proverbes* 74.

([176]) Voir la discussion de ce verset et les exemples ougaritiques cités. Cf. W. F. Albright, *Yahweh and the Gods of Canaan* (London 1968) 1-46.

([177]) Cf. le même parallélisme dans la prophétie de Balaam : *mah-ṭōbû ʾōhalèkā yaʿăqōb miškᵉnōtèkā yiśrāʾēl* : « Que tes tentes sont belles, Jacob, et tes demeures, Israel » (Nb 24,5).

'nt,V,44 : *yṣḥ aṯrt wbnh ilt wṣbrt aryh*
Que s'écrient Atirat et ses enfants,
la déesse et le groupe de ses familiers.

Dans ces pages, sont traités comme exemples d'utilisation poétique de ce « Ballast Variant » : Prov 1,12 ; 1,20 ; 5,16 ; 8,20 ; 10,2 et 11,4 ; 11,7 ; 11,18 ; 14,35 ; 31,31.

yād : il est clair que ce terme en Ps 141,9 a un sens technique dans la terminologie de la chasse : une partie d'un piège (crochet, griffe ou aile d'un filet) (178) *šāmerēnî mîdê paḥ yaqešû lî* : « Garde-moi des griffes du piège qu'on me tend ». Dans notre verset *yād* est probablement *pars pro toto*. Toutes les versions anciennes l'ont compris ainsi. La partie, dont il s'agit, avait probablement la forme d'une main. (Noter que *yād* peut signifier aussi une partie d'une roue, d'un trône ou d'une planche.)

ṣippôr : « oiseau ». Ne pourrait-on pas vocaliser *ṣāpîr* « bouc », en raison du mot parallèle « gazelle » ? *yāqûš* ne ferait pas difficulté, si on le considère comme un participe passif qal de *yāqaš*. Le substantif *yāqûš*, qui est assez rare, s'emploie généralement en relation avec la chasse aux oiseaux, mais il aurait peut-être un sens plus large comme les autres mots de cette racine. (Dans ce cas il pourrait aussi désigner, comme substantif, « celui qui tend des pièges ».)

Prov 6,11

ûbā'-kimhallēk rē'šekā
ûmaḥsorkā ke'îš māgēn
Et comme un guerrier viendra ta pauvreté
Et ton indigence comme un soldat.

A part quelques variations d'orthographe, ce verset revient en 24,34 :

ûbā'-mithallēk rêšekā
ûmaḥsorèkā ke'îš māgēn

En 1955, W. F. Albright (179) a repris une proposition de A. Ehrlich et a traduit *'îš māgēn* par « beggar — l'homme qui vit de ce qu'il reçoit », d'après la racine hébraïque et ougaritique *mgn* « faire ca-

(178) Ainsi E. Vogt, *Biblica* 43 (1962) 81s.
(179) *WIANE* 9s.

deau» ([180]). Sachant que l'on rend généralement *m^ehallēk* par « vagabond», la traduction « mendiant» est préférable à la version plus traditionelle « homme de bouclier = soldat» ([181]).

Toutefois, il semble raisonnable de conserver cette dernière signification, car la racine *hālak* fait appel à des notions militaires. En Krt, 92.94.106.180.182.207 *hlk* est dit d'une armée qui marche vers une ville pour l'attaquer et la détruire. En Na 2,6 *hălīkôt* ne signifie pas « procession» ou « promenade» mais la « ruée» vers les remparts de Ninivé pour les prendre d'assaut.

Noter pour 24,34a l'ellipse de la préposition *k^e* : celle de 34b *k^e'îš māgēn* doit influencer les deux expressions parallèles ([182]).

Prov 6,12

'ădam (!)-*b^eliyya'al 'îš 'āwen*
hôlēk 'iq^ešût peh
Un homme de Belial, un homme d'iniquité
Celui qui marche la fausseté à la bouche.

A propos de 'nt,II,8 : *tṣmt adm ṣat špš* : « Elle anéantit les hommes de l'Orient», G. R. Driver ([183]) pense que *adm* dans ce texte comme en Prov 6,12, se trouve en état construit et, par conséquent, doit être vocalisé *'ădam.* Des expressions telles que *b^enê-b^eliyya'al* et *'an^ešê-b^eliyya'al* renforcent cette affirmation.

D. Winton Thomas ([184]) a proposé *b^eliyya'al* « le Dévorant» (de *bāla'* « dévorer»), un nom de la Mort. Que Belial soit un nom de Môt, on peut l'affirmer en toute certitude si l'on considère le parallélisme, p. e. 2 S 22,5s : « Les flots de *Môt* m'envelloppaient, les torrents de *Belial* m'avaient surpris ; les filets de *Shéol* me cernaient, devant moi les pièges de *Môt*». Cette étymologie caractérise bien la personne dont le portrait est tracé en Prov 6,12-15, et fait une inclusion avec le verset 15, où l'on parle de sa perdition définitive ([185]).

([180]) Voir discussion Prov 2,7s.

([181]) Cf. ce qu'écrit Frankenberg, *Sprüche* 46 : « Über *'yš mgn* gehen die Erklärer gewöhnlich hinweg, als ob keine Schwierigkeit vorläge; aber der Ausdruck ist sehr seltsam und von den alten Übersetzern hat ihn keiner verstanden resp. haben sie anders gelesen».

([182]) L'ellipse de la préposition a été traité à propos de Prov 5,16.

([183]) *CML* 135 n. 6.

([184]) *Biblical and Patristic Studies in Memory of Robert Pierce Casey*, édité par J. N. Birdsall et R. W. Thomson (Freiburg 1963) 11-19.

([185]) Ce verset a été traité à propos de Prov 4,22.

Prov 7,4

'ĕmōr laḥokmâ 'ăḥōtî 'āt
ûmōdā' labbînâ tiqrā'
Dis à la sagesse : « Tu es ma sœur »,
Et appelle l'intelligence « ma parente ». (186)

Selon le principe d'ellipse, étudié dans la note Prov 5,16, le suffixe pronominal de *'ăḥōtî* exerce son influence sur *mōdā'*. Il n'est donc pas nécessaire de traduire avec A. Barucq « [ma] parente ». La signification originale de *mōdā'* est sans doute abstraite « connaissance » (187), mais ici le sens concret est évident et ressort du parallélisme avec *'ăḥōtî*, mot concret. De la même racine *da'at* « science, sagesse ». Ce terme a le sens concret de « compagnon, ami » en : texte 62,48s : *kṯrm ḥbrk wḫss d'tk* : Kothar est ton camarade et Ḫassis ton ami ». — Prov 22,12 : *'ênê YHWH nāṣ*ᵉ*rû dā'at way*ᵉ*sallēp dibrê bōgēd* : « Les yeux de Jahweh protègent l'ami, mais Il confond les paroles de l'impie ». Ce phénomène stylistique « abstractum pro concreto » a été traité déjà ailleurs (188).

La succession impératif-jussif (*'ĕmōr – tiqrā'*) est un usage stylistique très répandu en Hébreu (189). Il se trouve aussi en Ougaritique (190) bien que les traducteurs ne l'aient pas toujours vu et traduit comme tel, p. e. : 51,VIII,26s : *lp'n mt hbr wql tšṯḥwy wkbd hwt* : « Jette-toi et tombe aux pieds de Môt, prosterne-toi et rends-lui hommage ». — 127,29s.42 : *ištm' wtqǧ udn* : « Ecoute et prête l'oreille ». On trouve un autre cas de ce phénomène en Prov 31,31 : « Glorifiez-la à cause du fruit de ses mains, louez-la aux portes à cause de ses œuvres » (*t*ᵉ*nû-lāh – wîhal*ᵉ*lûhā*).

Prov 7,6

*kî b*ᵉ*ḥallôn bêtî*
*b*ᵉ*'ad 'ešnabbî nišqāptî*

(186) Noter la construction chiastique du texte hébreu (a + b + c // c' + b' + a'), qu'on ne peut pas exprimer dans la version française.

(187) Cf. Gesenius–Buhl, *Handwörterbuch* 404s ; Joüon, *Grammaire* p. 203 n. 4.

(188) Voir Prov 2,7s note ; W. A. van der Weiden, *VD* 44 (1966) 43-52, spéc. 44s.

(189) Joüon, *Grammaire* § 113m ; C. Brockelmann, *Hebräische Syntax* (Neukirchen 1956) § 135c.

(190) Cf. A. Goetze dans F. F. Hvidberg éd., *Studia Orientalia Joanni Pedersen ... dicata* (Hauniae 1953) 117 n. 8.

M. Dahood ([191]) cite ce verset parmi ses quelque quatre-vingts exemples du yod comme suffixe de la troisième personne du singulier ([192]). Ce jugement est confirmé par la LXX et la version syriaque qui toutes deux traduisent ce verset à la 3ème pers. fém. : c'est l'étrangère qui regarde de sa fenêtre. De plus, les suffixes du v 8 supposent que cette femme a été nommée ailleurs qu'au v. 5. Enfin le motif de la femme qui regarde de sa fenêtre est bien connu dans la littérature du Moyen Orient, notamment dans la Bible ([193]).

Cependant, reste la difficulté des verbes à la 1ère personne dans le verset compliqué Prov 7,7. La Septante et la Syriaque l'ont évitée en mettant *'ēre'* et *'ābînâ* à la 3ème pers. fém. : dans ces versions le narrateur ne figure donc pas dans le récit.

nišqāptî : Si l'on accepte de considérer les suffixes pronominaux en *yod* comme indiquant la 3ème personne, cette forme verbale ne fait plus obstacle, car il peut s'agir d'un participe féminin niphal, suivi du yod-paragogique, dont on trouve une série d'exemples dans la grammaire de Joüon ([194]).

Prov 7,14

zibḥê šᵉlāmîm 'ālāy
hayyôm šillamtî nᵉdārāy
J'ai un banquet d'action de grâces à faire,
Aujourd'hui j'ai accompli mes vœux.

zebaḥ : « sacrifice », mais aussi le repas qui suit l'action d'offrande, où les invités mangent une partie de l'animal sacrifié. D'où le sens « banquet, festin » p. e. en Prov 17,1 :

« Mieux vaut un croûton sec et la tranquillité,
Qu'une maison pleine de festins où l'on se querelle » (*zibḥê-*

([191]) *Psalms I* 11.

([192]) Pour une discussion plus ample, voir Prov 8,35.

([193]) Jg 5,28 ; 2 S 6,16 ; 2 R 9,30 ; Qo 12,3. Cf. M. Dahood, *Biblica* 33 (1952) 213-215 ; W. F. Albright, *WIANE* 10 ; G. Boström, *Proverbiastudien. Die Weisheit und das fremde Weib in Spr. 1 – 9* (Lund 1935) 120-123.

L'ivoire, trouvé à Nimrud (*ANEP* 131), en est une bonne illustration : « A woman's head in the frame of a recessed window, under which are four column-like supports, provides an inset for woodwork. It has been suggested that the representation is of the goddess Ashtart (or Astarte), who like her sacred harlots, lures passers-by from her window » (J. B. Pritchard, *ANEP* 265).

([194]) § 93n-o.

rîb). En Prov 15,17 la même idée est exprimée, mais cette fois sans mention explicite du festin sacrificial :

> Mieux vaut une ration de légumes, et qu'il y ait de l'amour,
> Qu'un taureau gras et de la haine avec.

En Ougaritique aussi on trouve *dbḥ* avec le double sens de « sacrifice » et « festin » :
Krt, 77s : *šrd bʿl bdbḥk* : « Fais descendre Baal par ton sacrifice. »
51,III,18-21 :

dbḥ bṯt	« Un festin scandaleux
wdbḥ dnt	et un festin avec disputes
wdbḥ tdmm ahmt	et un festin où les servantes sont violées » (195)

U. Cassuto (196) a juxtaposé l'expression ougaritique *dbḥ dnt* et *zibḥê rîb* de Prov 17,1, cité ci-dessus.

šelāmîm : « action de grâces, communion », souvent liée à un sacrifice (197), ou au banquet sacrificial qui le suit. Ce dernier sens est évident en Ps 69,23 où le parallélisme l'indique : *yehî šūlḥānām lipnêhem lepāḥ welišelāmîm* (TM *welišlômîm*) *lemôqēš* : « Que leur table devant eux soit un piège et leur festin lui-même un appât ». *šelāmîm* : avec le Targum. Les versions grecque et syriaque ont chacune une autre lecture. Le suffixe de *šelāmîm* est fourni par le terme parallèle *šūlhānām*. E. Vogt (198) voudrait omettre *le* devant *šelāmîm* « dass unter dem Einfluss des vorausgehenden (und folgenden) Wortes eingedrungen ist ». Toutefois cette préposition ou particule se trouve dans toutes

---

(195) Alors que Aistleitner traduit : « Ein Gastmahl, auf dem dic Mägde tuscheln » (*tdmm* de *dmm* « stöhnen »), C. Gordon accepte la suggestion de I. Yasin (*The Lexical Relation between Ugaritic and Arabic* [New York 1952] 148) et propose *dmm* II « abuser ». Il cite deux parallèles d'Homère : *Odyssée*,XX, 316-319 : « Il serait beaucoup mieux pour moi de mourir que de voir toujours ces choses scandaleuses : des hôtes qui sont maltraités et des servantes qui sont violées dans de belles salles », XXII,36s : «Vous me dévorez la fortune et vous couchez brutalement avec les servantes ». Voir l'étude très intéressante sur les relations entre les littératures ougaritique et grecque de C. H. Gordon, *The Common Background of Greek and Hebrew Civilizations* (New York 1965) [Ce livre est la 2ème édition de *Before the Bible* (New York 1962)] ; *idem*, *Ugarit and Minoan Crete* (New York 1966).

(196) *Or* 7 (1939) 280 n. 8.

(197) Cf. R. de Vaux, *Institutions de l'Ancien Testament* II (Paris 1960) 294s. 307. 343.

(198) *Biblica* 43 (1962) 79.

les versions anciennes. N'a-t-on pas affaire au *lamed-emphaticum* : le psalmiste demande que leur banquet sacrificial lui-même leur soit fatal ([199]).

Prov 7,15

ʿal-kēn yāṣāʾtî liqrāʾtekā
l^ešaḥēr pānèkā wāʾemṣāʾekā
C'est pourquoi je suis sortie pour t'inviter,
Je t'ai cherché partout et je t'ai trouvé.

liqrāʾtekā : dans ce contexte qui parle de festin, *liqrāʾtekā* vient probablement de la racine *qārāʾ* I « appeler, inviter » (cf., pour ce dernier sens, Prov 9,3.15.18). L'adultère, décrite dans les versets précédents, a donc choisi sa victime d'avance.

l^ešaḥēr : bien qu'il soit possible de traduire : « pour te chercher et je t'ai trouvé », il semble préférable de considérer l'infinitif comme un infinitif absolu ([200]) précédé du *lamed-emphaticum.* Cette particule donnerait alors un peu d'accent au verbe : « chercher intensivement » ou « chercher partout ».

Prov 7,19s

kî ʾên hāʾîš b^ebêtô
hālak b^ederek mērāḥôq
s^erôr hakkesep lāqaḥ b^eyādô
l^eyôm hakkeseʾ yābōʾ bêtô
Car mon mari n'est pas à sa maison,
Il a entrepris un long voyage ;
Il a pris en sa main la bourse de l'argent,
Il reviendra chez lui lors de la pleine lune.

hāʾîš : « mon mari ». L'article défini prend ici la fonction de suffixe pronominal, comme p. e. en Ps 33,17 *hassûs* « son cheval » ; Ps 85,13 *haṭṭôb* « sa pluie » ([201]). Ces exemples sont à ajouter à ceux donnés par Joüon ([202]). Plusieurs traducteurs ([203]) ne l'ont pas vu.

([199]) Pour une discussion du *lamed-emphaticum*, voir la note Prov 8,3.

([200]) Pour l'infinitif absolu voir la discussion de Prov 3,12.

([201]) Cf. la version que M. Dahood propose pour Ps 3,9 : « O Yahweh, your salvation ! (*hay^ešûʿâ*) Upon your people your blessing ». *VT* 16 (1966) 301.

([202]) *Grammaire* § 137f.

([203]) Frankenberg, Gemser, Van der Ploeg, Bible de la Pléiade, Barucq, e.a.

La Bible de Jérusalem traduit astucieusement : « point de mari à la maison ».

kese' : « pleine lune », ne figure qu'ici et en Ps 81,4, où l'orthographe est un peu différente : *kēseh.* Sur une tablette, trouvée à Ougarit et encore inédite ([204]), *yrḫ wksa* « Lune et Pleine Lune » sont deux noms de dieux, appartenant au panthéon ougaritique ([205]).

La séquence des trois premiers stiques de ces deux versets se trouve plus amplement développée dans le texte ougaritique 76,II,4-9. Chaque stique de Prov 7,19s a deux lignes dans ce texte et l'ordre de 19b et 20a est inverse :

in bʿl bbhth⸢t⸣
il hd bqrb hklh
qšthn aḫd bydh
wqṣʿth bm ymnh
idk lytn pnm
tk aḫ šmk ml[at r]umm
Baal n'est pas à sa maison,
El Hadad n'est pas au milieu de son palais ([206]) ;
Il a pris son arc dans sa main gauche ([207])
Et ses flèches dans sa main droite ;
Alors il a tourné son visage
Vers la rive de Shamak pleine de bœufs sauvages.

Tout lecteur sera frappé par la ressemblance qui unit Prov 7,19a et 20a et *UT* 76,II,4 et 6 où l'on retrouve plusieurs termes identiques et dans le même ordre. Cette ressemblance ne serait-elle pas un argument supplémentaire en faveur de la lecture « *in* » du premier mot de *UT* 76,II,4 qui, on le sait, doit être restitué. Au debut de la ligne 4, sur la photographie de la tablette (A. Herdner, *Corpus II*, planche XVI) on trouve  . Virolleaud a restauré 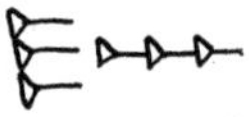

([204]) RŠ 24.271,A,6.

([205]) Comte du Mesnil du Buisson, *Mélanges de l'Université Saint-Joseph* 39 (1964) 178 n. 6.

([206]) Dans la discussion de Prov 5,14 nous avons vu la séquence préposition – préposition lourde (*bᵉ – bᵉtôk* ; *min – mittôk*). On retrouve la même chose ici avec *b – bqrb.*

([207]) Exactement comme en Hébreu (voir E. Z. Melamed dans C. Rabin éd., *Studies in the Bible* [Scripta Hierosolymitana, VIII ; Jerusalem 1961] 145s), *yd* peut avoir le sens de « main gauche » en Ougaritique, quand le mot est en parallélisme avec *ymn* (Krt, 66s ; 125,41.47).

hn, suivi par C. Gordon. Ginsberg, au contraire, a lu 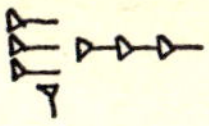 *in*, suivi par e. a. Driver et Herdner [208], lecture préférable en raison du contexte [209].

Prov 7,21

hiṭṭattû b^{e}*rōb līq*^{e}*ḥāh*
b^{e}*ḥēleq ś*^{e}*pātèhā taddîhennû*
Elle le fait fléchir par l'instillation de son argumentation,
Et par l'enjôlement de ses lèvres elle l'entraîne.

b^{e}*rōb liq*^{e}*ḥāh* : ne semble pas signifier « multitude de paroles, d'arguments » qui ne convainc pas facilement ; cf. Jb 11,2 : « La multitude de paroles restera-t-elle sans réponse, et est-ce l'homme verbeux qui aura raison ? » D'autre part Prov 16,21b dit : « La douceur des lèvres renforce l'argumentation ».

Si *rōb* provient de la racine *rābab* II « pleuvoir », dont il existe un substantif *r*^{e}*bîbîm* « pluie », on a ici la même image qu'en Dt 32,2 : *ya'ărōp kammāṭār liq*^{e}*ḥî* : « Que mon argumentation dégoutte comme la pluie ».

Noter aussi la construction chiastique a + b // b′ + a′.

Prov 7,27

darkê š^{e}*'ôl bêtāh*
yōr^{e}*dôt 'el-ḥadrê-māwet*
Sa maison est le chemin du Shéol [210]
Il descend vers les chambres de Môt.

ḥadrê-māwet : cette expression évoque sûrement des réminiscences cananéennes. On voit, en *UT* texte 51,IV, comment Atirat demande

---

(208) A. Herdner, *Corpus I* 50 n. 3 juge cependant la lecture de Virolleaud *hn* comme « matériellement possible ».

(209) C'est d'ailleurs l'avis clairement exprimé par C. Gordon, *Ugarit and Minoan Crete* (New York 1966) 88, lorsqu'il écrit, dans sa brève introduction au texte 76 : « Text 76 tells of Baal's departure from his palace to hunt with bow and arrow ... ». Mais il propose néanmoins la traduction :

« Lo, Baal is in his house
El-Hadd in the midst of his palace.
His bow he takes in his hand
Even his arc in his right hand ».

(210) Ou : « Dans sa maison sont les chemins du Shéol ». La préposition *b*^{e} peut être omise devant *betāh*, cf. la discussion de Prov 2,18s.

à son mari, le dieu suprême El, la permission de construire un palais pour Baal. El donne cette permission en 11. 62s :

ybn bt lbʿl km ilm
wḥzr kbn aṯrt
Que soit construite pour Baal une maison comme ont les dieux,
Et un palais comme ont les fils d'Atirat.

Si tous les grands dieux avaient leur palais, Môt, un des dieux les plus importants, en avait donc certainement un. Une de ces habitations, celle du dieu suprême, est décrite en ces termes en ʿnt,V,33-35 :

yʿny il bšbʿt ḥdrm
bṯmnt ap sgrt
El répond des sept chambres,
des huit entrées des enclos.

Les « chambres de Môt» dont parle notre verset sont probablement les chambres de son palais (sept comme dans le palais d'El?). Analogue au palais royal, situé au milieu de la ville, ce palais de Môt doit se trouver dans sa ville fortifiée, à laquelle il est fait allusion en Is 38,10 ; Ps 9,14 ; Jb 38,17 ; Mt 16,18.

Prov 8,1

hălōʾ-ḥokmâ tiqrāʾ
ûtᵉbûnâ tittēn qôlāh
Voici que la Sagesse appelle
Et que l'intelligence élève sa voix.

hălōʾ : avec les dictionnaires de Gesenius–Buhl et Zorell on choisira plutôt « voici» que « n'est-ce pas», adopté par presque tous les commentateurs. Cette particule, assez fréquente en Ougaritique (*hl*), se trouve souvent en Hébreu pour donner une certaine emphase. Elle figure aussi parmi les quelques mots de la fameuse tablette cunéiforme de Beth-Shemesh ([211]). Aux exemples, donnés par Joüon ([212]) et Gese-

([211]) W. F. Albright, « The Beth-Shemesh Tablet in Alphabetic Cuneiform», *BASOR* 173 (1964) 51-53.

([212]) *Grammaire* § 161c.

nius–Kautzsch ([213]), on peut ajouter : Prov 14,22 ; 22,20 (« Voici que j'ai écrit pour toi trente proverbes » — la série suit, précisement comme en Rt 2,9 : « Voici que j'ordonne ..,») ; Jb 4,21 ; Is 43,19.

Intéressante est la comparaison entre Is 7,14 et le texte ougaritique 77,7 : Is 7,14 : *hinnēh hā'almâ hārâ wᵉyōledet bēn* : « Voici que la jeune femme va être enceinte et va enfanter un fils ». Texte 77,7 : *hl ğlmt tld bn* : « Voici que la jeune femme va enfanter un fils ». Là où Is a *hinnēh*, le texte ougaritique emploie *hl.* dans le même sens.

Prov 8,3

lᵉyad-šᵉ'ārîm lᵉpî qārāt (TM *qāret*)
mᵉbô' pᵉtāḥîm tārōnnâ
A côté des portes elle crie à très haute voix,
A l'entrée des porches elle s'écrie.

On a déjà proposé plusieurs fois la « correction » *tiqrā'* au lieu de *qāret* à cause du parallélisme. Mais *qrt* pourrait bien être qal 3ème pers. fém. du verbe *qûr*, racine souvent employée en Ougaritique pour exprimer le bruit fait par des chevaux, des serpents ou des hommes. La même racine figure vraisemblablement dans le substantif *māqôr* en Prov 18,4 ainsi qu'en Is 22,5 ([214]).

lᵉpî qārāt : l'expression *pî qārā'tî* « je criais à haute voix » se trouve en Ps 66,17. Ici, *pî qārāt* est en parallélisme avec la forme énergique *tārōnnâ* ([215]), et précédé d'un lamed emphatique. L'endroit où la Sagesse fait entendre sa voix, *lᵉyad-šᵉ'ārîm* et *mᵉbô' pᵉtāḥîm*, doit être la même place publique, où en 2 Aqht,V,5-7 Danel juge les affaires des veuves et des orphelins et qui est décrite comme *bap ṯġr* « face à la porte » ou « à l'entrée de la porte ».

Les mots *petaḥ* et *ša'ar* qui se trouvent en parallélisme, figurent aussi comme *ptḥ* et *ṯġr* sur une tablette très endommagée ([216]), qui reproduit une liste d'installations à effectuer dans une maison ou un palais.

([213]) *Grammaire* § 150e.

([214]) Pour ce dernier texte voir M. Weippert, *ZAW* 73 (1961) 99s. Mais cet auteur se trompe sans doute lorsqu'il pense retrouver cette racine en Ps 19,5 ; la solution donnée par M. Dahood, *Psalms I* 121s, sans changement du TM, est certainement meilleure.

([215]) Cf. *PNWSP* 4. Pour une discussion de la forme énergique, voir Prov 5,22.

([216]) Texte 1151,14.

Le *lamed-emphaticum*, étudié par P. Haupt ([217]) à la fin du siècle dernier, n'a trouvé qu'une place modeste dans les grammaires ([218]) et dictionnaires. Après avoir reconnu l'importance de ce lamed en Ougaritique ([219]) les philologues ont repris l'examen de cette particule ([220]), dont l'usage semble beaucoup plus fréquent dans la Bible que les grammaires ne le supposaient.

Prov 8,7

kî-'ĕmet yehgeh ḥikkî
w^{e}tô'ăbat ś^{e}pātay reša'

Bien que le TM permette une bonne version :

C'est la vérité, en effet, que mon palais fait entendre
Et pour mes lèvres la méchanceté est une abomination,

plusieurs commentateurs ([221]) ont été tentés par la version de la Septante : *'ebdelygmena de 'enantion 'emou cheilē pseudē*. Des expressions telles que *śiptê 'āwen*, *śiptê 'ĕmet*, *śiptê mirmâ* sont fréquentes dans le Livre des Proverbes, p. e. en 12,22 : *tô'ăbat YHWH śiptê-šeqer*, et rendent cette version plausible. Toutefois, il ne semble pas nécessaire de changer le texte consonantique, comme certains le proposent, en : *w^{e}tô'ēbâ lî śiptê reša'* (BH[3]) ; un changement des voyelles de *ś^{e}pātay* en *śiptê* suffit.

tô'ăbat : « une abomination pour moi ». Il s'agit ici d'un état absolu d'un terme féminin en -t, état dont Gesenius–Kautzsch donne une série d'exemples ([222]). Le suffixe pronominal de la 1ère personne vient de *ḥikkî* en vertu du principe d'ellipse ([223]). Ce suffixe n'est pas

([217]) *Johns Hopkins University Circulars* XIII, 114 (Baltimore 1894) ; *The Book of Proverbs* (SBOT ; Leipzig 1901) 52 ; *OLZ* 2 (1907) 305.

([218]) Cf. Gesenius–Kautzsch, *Grammatik* § 143e ; E. König, *Lehrgebäude der hebräischen Sprache III* § 271 ; 351d.

([219]) Voir Gordon, *UT* § 9.16 ; Aistleitner, *Wörterbuch* 1423.

([220]) Cf. F. Nötscher, « Zum emphatischen Lamed », *VT* 3 (1953) 372-380 ; J. Mejía, « El lamed enfático en nuevos testos del Antiguo Testamento », *Est Bíb* 22 (1963) 179-190. M. Dahood donne une bibliographie à ce sujet dans *Biblica* 47 (1966) 407s.

([221]) Par ex. Toy, Scott, BH[3].

([222]) *Grammatik* § 80 qui peut être complété par la liste de M. Dahood, *UHP* 14.

([223]) Pour ce principe voir Prov 5,16.

subjectif ici, mais objectif comme p. e. en Ps 18,24 ; 25,5 ; 26,4. On peut donc traduire :

> C'est la vérité, en effet, que mon palais fait entendre,
> Et des lèvres méchantes sont une abomination pour moi.

Prov 8,11a

kî-ṭôbâ ḥokmâ mippᵉnînîm
Car la Sagesse vaut plus que les perles.

Le terme *ṭôb*, plutôt général, reçoit sa signification exacte de son contexte, ce qui n'apparaît pas suffisamment dans plusieurs versions modernes. Les dictionnaires en donnaient déjà de nombreuses traductions et, ces dernières années, les philologues y ont ajouté :

ṭôb = salaire (224)
ṭôb = doux (225)
ṭôb = pluie (226)

Employé dans la région linguistique du Sémitique nord-occidental, centre commercial du Moyen Orient, on ne s'étonnera pas de voir un mot aussi général servir à exprimer également des réalités commerciales. Prov 31,18 parle d'une « transaction lucrative » (*saḥar ṭôb*), cf. Prov 3,14 et Qo 4,9. Et de même, en Prov 8,11a, *ṭôbâ* ne signifie pas simplement « meilleure » mais plutôt « plus précieuse » (ce que justifie le verset identique 3,15 où *ṭôbâ* est remplacé par *yᵉqārâ*). On trouve la même nuance en 8,19, où Scott, contrairement à « better » de 8,11, traduit plus exactement : « My fruit is more precious than pure, fine gold ». C'est d'ailleurs ainsi que l'avait compris la Septante qui traduit *kreissōn* (8,11) et *beltion* (8,19).

---

(224) *PNWSP* 11.
(225) *Biblica* 45 (1964) 410s.
(226) *Biblica* 45 (1964) 411.
Pour *ṭôb* = « discours », voir J. Barr, *Comparative Philology and the Text of the Old Testament* (Oxford 1968) 16s.

Prov 8,15

bî m^elākîm yimlōkû
w^erōz^enîm y^eḥôq^eqû ṣedeq
Par moi les rois règnent
Et les princes décrètent la justice.

Le couple *melek* et *rōzēn* se trouve aussi en parallélisme en Prov 14,28 et 31,4 ; il revient en Jg 5,3 ; Ha 1,10 et Ps 2,2, dans un contexte où les éléments cananéens ne manquent pas. Ces mêmes mots sont encore utilisés comme titres du dieu ḤṬR-MYSKR dans la longue inscription punique de Henschir Makter : *mlk ḥṭr myskr rzn ymm* ([227]) : « (Au) roi ḤṬR-MYSKR, prince des jours (ou : des mers)». Enfin dans l'inscription beaucoup plus ancienne de Karatepe ([228]) on pouvait lire : *'m mlk bmlkm wrzn brznm ... ymḥ šm 'ztwd* ([229]) : « Si un roi parmi les rois ou un prince parmi les princes ... efface le nom 'ZTWD». Et ce dernier texte fait penser à l'expression : *kyrios kyriōn estin kai basileus basileōn* d'Ap 17,14 et 19,16.

Prov 8,17a

'ănî 'ōhăbay hā'ōh^ebā (TM *'ōhăbèhā 'ēhāb*)
Je suis celle qui aime ceux qui l'aiment.

Avec le Qéré et les versions anciennes il vaut mieux lire *'ōhăbay* et attacher le *he*-final au terme suivant, vocalisé comme participe féminin avec *scriptio defectiva*. On omet généralement ce *he*, mais cette suppression n'est pas nécessaire car des constructions semblables ne manquent pas, p. e. : Is 45,3 : *'ănî YHWH haqqôrē' b^ešim^ekā* : « Je suis Jahweh, celui qui t'appelle par ton nom».

Prov 8,20

b^e'ōraḥ-ṣ^edāqâ 'ăhallēk
b^etôk n^etîbōt mišpāṭ
Je marche sur la route de la justice
Et dans les sentiers de l'équité.

---

(227) *KAI* 145,5.

(228) Cf. S. Gevirtz, *Patterns in the Early Poetry of Israel* (Chicago 1964) 3 n. 11.

(229) *KAI* 26,A,III,12.

Ce verset est un bel exemple du phénomène stylistique « Ballast Variant » qu'on a traité à propos de Prov 6,5. Dans le premier stique figure le verbe *'ăhallēk*, qui n'a pas de parallèle dans le deuxième stique, mais cette absence est compensée par la « préposition lourde » *bᵉtôk* (230). La séquence *bᵉ* // *bᵉtôk* se trouve aussi dans les textes ougaritiques : ʿnt,III,26s ; 128,III,14s :

rm krt	Sois très exalté, o Keret,
btk rpi arṣ	Au milieu des rephaim du pays,
bpḫr qbṣ dtn	Dans la réunion de l'assemblée des dtn.

Prov 8,21

lᵉhanᵉḥîl 'ōhăbay yēš
wᵉ'ōṣᵉrōtêhem 'ămallē'
De sorte que je procure des ressources à ceux qui m'aiment,
Et que je comble leurs trésors.

yēš : bien que Prov 8,21 ; 13,23 et Si 42,3 soient les seuls endroits, où *yēš* signifie « possessions, ressources », il est préférable d'accepter cette signification rare plutôt que de changer *yēš* en *yōšer*, comme le propose Scott (« Bestowing integrity on those who love me »). Zorell (231), pour sa part situe l'origine de ce *yēš* dans l'expression plus complète *'ăšer-yeš-lô* (Gn 39,5). On reconnaît encore ici, de même que dans le verset précédent, un exemple de « Ballast Variant » : a + b + c // c′ + a′. L'élément b ne se retrouve que comme suffixe pronominal de c′, mais la longueur de ce dernier rétablit l'équilibre des deux stiques.

Prov 8,24-29

M. Dahood vient d'analyser, dans un article récent (232), la pericope Prov 8,22-31. Il y donne des solutions fort judicieuses à un certain nombre de problèmes philologiques. On ajoutera ici quelques remarques supplémentaires : En 1965, C. H. Gordon écrivait : « Nowhere does the proximity of Heb. and Ugar. manifest itself more plainly than in the pairs of synonyms used parallelistically in both langua-

---

(230) Voir Prov 5,14 pour ces « prépositions lourdes ».
(231) *Lexicon Hebraicum* 334a.
(232) *CBQ* 30 (1968) 512-521.

ges» ([233]). Et l'année suivante M. Dahood ([234]) pouvait affirmer que plus de 150 de ces couples de mots utilisés de la même manière en Ougaritique et en Hébreu avaient été identifiés. Il s'agit donc d'une donnée très importante pour qui veut examiner l'affinité des deux langues.

Or plusieurs exemples se présentent dans ces quelques versets :

v. 26 : *'ereṣ* - *ʿaprôt*

La paire *arṣ* // *ʿpr* est très fréquente dans les textes ougaritiques. On la trouve souvent dans les descriptions du Royaume de Môt, le Shéol ([235]). Et également dans cette phrase, quatre fois répétée ([236]) :

št bʿprm ddym
sk šlm lkbd arṣ
Mets l'amour dans le monde
Verse la paix au milieu de la terre.

Dans l'un de ces exemples ([237]), le premier stique est écrit *št bʿprt ddym*, généralement considéré comme une erreur d'orthographe ([238]). Toutefois, il pourrait s'agir d'un double pluriel en -m et en -t (en Hébreu *ʿaprôt* !) ([239]).

v. 27 : *šāmayīm* - *tᵉhôm*

Cf. ʿnt,III,21s où l'on peut lire :
tant šmm ʿm arṣ
thmt ʿmn kbkbm

([233]) *UT* § 14,3.

([234]) *Biblica* 47 (1966) 405 n. 5. Voir aussi la discussion de Prov 5,19 ci-dessus.

([235]) Par ex. *UT* 76,II,24s :
nṭʿn barṣ iby
wbʿpr qm aḫk
Nous avons planté aux enfers mes ennemis
Dans la fange ceux qui se sont levés contre ton frère.
(Noter le « Ballast Variant » : a + b + c // b′ + c′, où l'absence d'un élément a′ est compensée par la longueur de c′.)

([236]) ʿnt,III,12 ; IV,53.67.73.

([237]) ʿnt,III,12.

([238]) L'*editio princeps* d'A. Herdner lit *bʿprm* avec une note explicative.

([239]) Exemples d'autres paroles ougaritiques à double pluriel : *grnm* et *grnt* ; *kbkbm* et *kbkbt* ; *rišm* et *rišt* ; *mrbdm* et *mrbdt*.

Discussion des cieux avec les enfers
des abîmes avec les étoiles.

v. 28b-29a : *t^e^hôm - yām*

Cf. texte 52,30 :

gp ym // *gp thm*
la côte de la mer // la côte de l'Ocean.

Il faudrait également ajouter que ces parallélismes ou ces rapprochements que l'on retrouve identiquement dans les deux langues ne se limitent pas à des couples de mots. Ils s'étendent aussi à des rapprochements d'expressions ou d'images.

De cela aussi ces versets donnent quelques exemples :

v. 24 : *t^e^hōmôt - maʿyānôt*

Cf. *UT* texte 51,IV,21s :

ʿm il mbk nhrm
qrb apq thmtm
Vers El près des sources des deux fleuves,
Au milieu des cours d'eau des deux Océans (240).

v. 25 : *hārîm - g^e^bāʿôt*

La paire monts // collines, fréquemment utilisée en Hébreu, se retrouve en Ougaritique sous la forme *ǵr* // *gbʿ* p. e. en *UT* texte 49,II,16s :

kl ǵr lkbd arṣ
kl gbʿ lkbd šdm
Chaque mont jusqu'au milieu de la terre,
Chaque colline jusqu'au milieu des champs (241).

Seul dans l'Ancien Testament, le passage — très ancien — de la prophétie de Balaam exprime ce rapprochement avec les mêmes mots que le texte ougaritique :

ṣûrîm // *g^e^bāʿôt* en Nb 23,9 :
kî mērōʾš ṣūrîm ʾerʾennû

(240) Cf. W. F. Albright, *WIANE* 8.

(241) Cf. aussi les appositions utilisées pour décrire le Mont Saphôn, habitation du dieu Baal : 76,III,32 : *bnʿm bǵr tliyt* « [Vers le Saphôn], vers le bel endroit, le mont de puissance» ; ʿnt,III,28 : *bnʿm bgbʿ tliyt* « [Dans le Saphôn], dans le bel endroit, la colline de puissance».

ûmigg^ebā'ôt 'ăšûrennû
Car du sommet des monts je le vois,
Des collines je le contemple.

Prov 8,32

w^e'attâ bānîm šim'û-lî
w^e'ašrê d^erākay yišmōrû
Et maintenant, fils, écoutez-moi !
Vraiment heureux ceux qui gardent mes voies.

Parmi les versions et commentaires plusieurs ([242]) s'emploient à harmoniser les versets 32-34 en y faisant des additions ou des omissions ou en intervertissant certains stiques, mais les résultats ne sont pas encore satisfaisants.

Le *waw* de *w^e'ašrê* a souvent servi d'argument pour placer ce stique après 34a. En fait il pourrait bien ne s'agir que d'un *waw-emphaticum*, qui donnerait un accent spécial à ce premier mot : « vraiment heureux».

Le *waw-emphaticum* en Ougaritique et en Hébreu a été traité par M. Pope ([243]), P. Wernberg-Møller ([244]), M. Dahood ([245]) et L Prijs ([246]). On en trouve un exemple évident dans les textes ougaritiques en *UT* 51,V,107 : *št alp qdmh mra wtk pnh* : « Il met un bœuf devant lui, un veau gras directement en face de lui» ([247]). Parmi les exemples cités par ces auteurs, on relève, dans le Livre des Proverbes : 3,12 ([248]) ; 11,3 :

tummat y^ešārîm tanḥēm
w^eselep bōg^edîm w^ešaddām ([249])
L'intégrité des hommes droits les conduit au paradis ([250]),
Mais la perversité des impies est leur destruction.

([242]) Ainsi Toy, Gemser.
([243]) *JAOS* 73 (1953) 95ss.
([244]) « ' Pleonastic ' Waw in Classical Hebrew», *JSS* 3 (1958) 321-326.
([245]) *Gregorianum* 43 (1962) 65-67.
([246]) « Ein Waw der Bekräftigung?» *BZ* 8 (1964) 105-109.
([247]) Cf. C. H. Gordon *UT* § 13.103.
([248]) Voir ci-dessus la discussion de ce verset.
([249]) P. Wernberg-Møller, *JSS* 3 (1958) 326 préfère le Ketib *w^ešaddām* au Qéré *y^ešāddēm.*
([250]) Pour ce sens technique de *nāḥâ* voir M. Dahood, *Psalms I* 33 ; *Biblica* 48 (1967) 438.

25,25 : *mayim qārîm ʿal-nepeš ʿăyepâ*
ûšᵉmûʿâ tôbâ mēʾereṣ merḥāq
De l'eau fraîche pour une gorge ([251]) altérée,
Est une bonne nouvelle d'un pays lointain ([252]).

Sans doute faudrait-il y ajouter Prov 28,16, ce qui en résoudrait la difficulté : *nāgîd ḥăsar tᵉbûnôt wᵉrab maʿăšaqqôt* : « Un prince auquel manque du bon sens est vraiment opulent en oppression» ([253]).

Prov 8,35s

kî moṣᵉʾî mᵉṣaʾî (TM *māṣāʾy*) *ḥayyîm*
wayyāpeq rāṣôn mēYHWH
wᵉḥoṭᵉʾî ḥōmēs napšô
kol-mᵉśanay ʾāhăbû māwet
Car celui qui me trouve, trouve la vie pour soi,
Et il obtiendra la faveur de Jahweh ;
Mais celui qui ne m'atteint pas, fait violence à son âme,
Tous ceux qui me haïssent, aiment la mort.

ḥāṭāʾ : n'a pas ici la signification ordinaire, secondaire, mais celle plus originale de « manquer le but» (Jg 20,16), « ne pas atteindre, ne pas parvenir» (Is 65,20).

Généralement, pour 8,35a, on suit le Qéré *mōṣᵉʾî māṣāʾ*, mais *lectio difficilior potior*, si celle-ci permet une bonne version. Les dizaines d'exemples du *yod* comme suffixe pronominal de la troisième personne, signalés ces dernières années ([254]), rendent très plausible la supposition selon laquelle l'auteur aurait voulu jouer sur le double sens du suffixe yod ([255]). Le deuxième suffixe est non-accusatif, comme souvent en Hébreu ([256]).

([251]) Pour cette signification de *nepeš* comparer Zorell, *Lexicon* 527 ; *Bible de la Pléiade, Ancien Testament* II 1424 n. 25.

([252]) P. Wernberg-Møller, *JSS* 3 (1958) 326 ; H. J. van Dijk, *Ezekiel's Prophecy on Tyre* (Roma 1968) 74.

([253]) La plupart des versions anciennes et modernes omettent le waw de *wᵉrab*. Ne peut-on pas le considérer comme particule emphatique : tous les princes se permettent des oppressions (cf. 1 S 8,10-18) mais surtout ceux que le bon sens n'assagit pas.

([254]) Cf. M. Dahood, *Psalms I* 11.

([255]) Pour les jeux de mots dans la Bible hébraïque voir E. M. Casanowicz, « Paranomasia in the Old Testament», *JBL* 12 (1893) 105-167 ; G. Boström,

En 1914, dans un article sur les problèmes des lanques sémitiques, H. Bauer a attiré l'attention sur la présence de formes dialectales dans la langue hébraïque, confirmées par la découverte d'inscriptions sémitiques. « Wenn wir nun erwägen, dass das Phönikische, für das wir in dieser Hinsicht besser gestellt sind, gerade in der Gestalt der Suffixe der 3. Pers. sing. verschiedene Mannigfaltigkeiten aufweist, so dürfen wir wohl auf dem hebräischen Sprachgebiete ähnliches voraussetzen und vermuten, dass es Gegenden gegeben hat, in denen das Suffix der 3.Sing. *y* lautete wie im Phönikischen. Dort hätte somit *y* diesselbe Funktion übernommen wie in andere Gegenden *w* (257)».

Cette remarque n'a pas eu grand succès en son temps (258) et ce n'est que beaucoup plus tard que les multiples publications de M. Dahood (259) ont repris l'idée de H. Bauer, et en l'appuyant cette fois sur un très grand nombre d'exemples (260). Il devient difficile de nier l'existence d'un tel suffixe en *yod* ; quant à supposer partout des erreurs d'orthographe (261), ce ne peut plus être une solution satisfaisante. Il est donc de plus en plus probable que le *yod* a bien été employé, dans les dialectes septentrionaux (262) comme suffixe de la 3ème personne. En plus du Phénicien et du Punique, où l'on en rencontre de nombreux cas, ce suffixe en *yod* a probablement existé aussi en Ouga-

Paronomasi i den äldre Hebreiska Maschallitteraturen med särskild hänsyn till Proverbia (Lund 1928).

(256) M. Bogaert, « Les suffixes verbaux non accusatifs dans le sémitique nord-occidental et particulièrement en hébreu», *Biblica* 45 (1964) 220-247. Cette explication de *moṣe'î mᵉṣa'î* pourrait suggérer la solution de la difficulté semblable de Prov 28,16b : K *śn'y* / Q *śn' beṣaʿ ya'ărîk yāmîm*. BH³ vocalise Q *śōnē'*, ce qui supprime la difficulté, et K *śōne'ê*, mais ce n'est probablement pas la vocalisation originale : elle correspond mal à la forme verbale au singulier *ya'ărîk*. La vocalisation *śōne'î* expliquerait la *lectio difficilior* du Ketib : « Celui qui hait la rapine à son profit prolonge ses jours».

(257) H. Bauer, *ZDMG* 68 (1914) 598s.

(258) La grammaire de Joüon, composée 12 ans après cet article, ne signale même pas cette possibilité.

(259) Cf. E. Martinez, *Hebrew–Ugaritic Index to the Writings of Mitchell J. Dahood* (Roma 1967) 120.

(260) En voir la liste remarquable en *Psalms I* 11.

(261) Pour la possibilité de confusion de *yod* et *waw* voir Ernst Würthwein, *Der Text des Alten Testaments* (Stuttgart 1963²) 98.

(262) Pour ce suffixe en Phénicien voir F. M. Cross, Jr. et D. N. Freedman, « On the Origin of the Phoenician Suffix of the Third Pers. Masc. -y», *JNES* 10 (1951) 228-230 ; J. J. Friedrich, *Grammatik* §§ 23. 112 (qui a corrigé certaines de ses positions dans l'article « Punische Studien», *ZDMG* 107 (1957) 282-290).

ritique : Ainsi l'expression *ksu ṯbth* « le trône sur lequel il (= Mot) est assis » de *UT* 51,VIII,12s apparaît dans le texte parallèle *UT* 67,II, 15s *ksu ṯbty* (263). Et de même on peut lire en *PRU V* 124,1s : *arḫ td rgm bǵr bpy tʿlgt b lšny ǵr.?.* : « La génisse jette un appel de la montagne, de *sa* bouche un bégaiement, de *sa* langue.?. ».

Les mots parallèles *ḥayyîm* // *rāṣôn mēYHWH* en Prov 8,35 désignent des dons importants faits par Jahweh. Quelques rapprochements s'imposent, p. e. avec Ps 5,13 : « Jahweh, tu béniras le juste, comme avec un bouclier tu l'entoureras avec ta faveur ». Il s'agit de la phrase finale d'un psaume qui parle du don de la vie éternelle. Et, plus clair encore, Ps 30,6 : *kî regaʿ bᵉappô ḥayyîm birṣônô* : « Parce que la mort (264) est dans sa colère, la Vie dans sa faveur ».

« Obtenir la faveur de Jahweh » et « trouver la Vie » semblent synonymes. Le contraste est exprimé dans le verset suivant « faire violence à son âme » et « aimer la mort ». Le lien entre « Sagesse » et « Vie éternelle » est très évident en Sa 8,13a : « Grâce à elle (= la Sagesse) j'aurai l'immortalité » ; Sa 8,17 : « M'étant dit cela en moi-même et ayant pensé en mon cœur que l'immortalité est dans la familiarité avec la Sagesse ..., ». Le mot « immortalité » (*'al-mawet*) n'est pas fréquent dans les livres hébreux de l'Ancien Testament, bien que vraisemblablement il n'en soit pas absent (265). Mais l'idée de « vie éternelle » pourrait s'y trouver beaucoup plus souvent qu'on ne le suppose généralement.

Prov 9,1

ḥokmôt bānᵉtâ bêtāh
ḥāṣᵉbâ ʿammûdèha šibʿâ
La Sagesse a bâti sa maison,
Elle a taillé ses sept piliers.

W. F. Albright (266) a traité ce verset. Son explication de *ḥokmôt*

(263) A. Herdner, dans l'*editio princeps*, suit la suggestion de Gaster, Gordon, Ginsberg, De Langhe et Driver qui considèrent le *y* de *ṯbty* comme une faute d'orthographe. La même chose revient en texte 1001 où la ligne 10 se lit *pny*, alors que la ligne identique rev. 8 porte : *pnh*.

(264) Pour ce sens de *regaʿ* cf. *Psalms I* 182s.

(265) Voir l'examen du nom composé *'al-māwet* en Prov 2,18 et 12,28 par M. Dahood, *Biblica* 41 (1960) 176-181 ; *UHP* 19 ; et les réactions positives de Scott, *Proverbs* 91s ; D. Kidner, *Proverbs* 100.

(266) VTS 3 (1955) 8s.

comme forme phénicienne du féminin singulier absolu est confirmée par des formes comme :

b^e^tûlôt = la fille (Ps 45,15)
'ădāmôt = la terre (Ps 49,12)
t^e^bûnôt = l'habileté (Ps 78,72)
tôʿēbôt = l'horreur (Ps 88,9), etc.

ḥāṣ^e^bâ : « Elle a taillé » est corrigé par beaucoup de commentateurs [267]. Ils proposent *hiṣṣîbâ* « elle a érigé ». *ḥāṣab* « tailler » en hébreu signifie presque uniquement « tailler le roc ». C'est néanmoins le verbe employé en Is 51,9 pour « abattre » Rahab et en Os 6,5 « abattre des hommes » (// *hārag*). A propos d'Os 6,5 Gesenius–Buhl note : « Niederhauen, töten, aber unsicher ». Cette version est devenue très sûre grâce aux textes ougaritiques, où *ḫṣb* est employé fréquemment pour « abattre des hommes » // *mḫṣ* « terrasser ».

Os 6 5 *ʿal-ken ḥāṣabtî bann^e^bî'îm*
haragtîm b^e^'imrê-pî
C'est pourquoi je les [268] ai abattus par les prophètes.
Je les ai tués par les paroles de ma bouche.

ʿnt.II.29s : *ʿd tšbʿ tmtḫṣ bbt tḫtṣb bn ṯlḥnm*
Jusqu'à ce qu'elle (= Anat) soit satisfaite, elle massacre dans la maison, elle abat entre les tables [269].

Prov 9,2

ṭābḥâ ṭibḥāh māskâ yênāh
'ap ʿārkâ šulḥānāh
Elle a tué ses bêtes tiré son vin.
Et elle a dressé sa table.

māsak : Zorell [270], tout en constatant que la plupart des auteurs traduisent par « mélanger », affirme que le sens propre de ce verbe est celui de « tirer, verser le vin ». Cf.

---

[267] Frankenberg, Toy, Gemser, Scott, BH.
[268] Le suffixe de *haragtîm* exerce son influence sur le verbe du premier stique par le principe d'ellipse.
[269] Cf. ʿnt,II,6.20.24.
[270] *Lexicon* 452a. L'auteur cite l'étude de Grätz, *MGWJ* (1874) 193ss.

Is 5,22 : *hôy gibbôrîm lištôt yāyin*
w^e'anšê-ḥayil limsōk šēkār
Malheur à ceux qui pour boire du vin sont des braves,
Des gens valeureux pour verser de la boisson énivrante.

Et le même sens en ʿnt,I,15-17, où *msk // lqḥ* : *alp kd yqḥ bḫmr rbt ymsk bmskh* : « Il prenait mille crûches de son récipient, dix mille il en tirait de son cratère ».

Le dislegomenon *mimsāk* de la même racine n'est pas « vin mélangé », mais, comme *msk* en ʿnt,I,17, et comme *mmskn* en *UT* 145, 18, « cratère, coupe » (271). En effet on peut lire en Is 65,11 :

w^e'attem ʿôz^{e}bê YHWH
hašš^{e}kēḥîm 'et-har qodšî
haʿôr^{e}kîm laggad šulḥān
w^{e}hammal'îm lamnî mimsāk
Quant à vous qui avez abandonné Jahweh
Qui avez oublié ma montagne sainte,
Qui dressez une table pour Gad,
Et remplissez le cratère pour Meni.

(Noter le parallélisme entre *ʿārak šulḥān* et *mālē' mimsāk*, très proche de celui rencontré en Prov 9,2).

De plus, selon ʿnt,I,15-17 où *ḫmr // msk* (272), M. Dahood (273) a bien montré que *ḫmr* en Ougaritique ne signifie pas « vin » mais plutôt « coupe, jarre ». Cette signification se retrouve aussi en :

Dt 32,14c : *dam-ʿēnāb tišteh-ḥōmer* (TM *ḥāmer*)
« Le sang du raisin tu le boiras par jarre ».
Ps 75,9 : *kî kôs b^{e}yad-YHWH w^{e}yayin ḥōmer* (TM *ḥāmar*) *mālē'* : « Car il y a une coupe dans la main de Jahweh, et le gobelet est rempli de vin ».

Prov 9,5

l^{e}kû laḥămû b^{e}laḥămî
ûš^{e}tû b^{e}yên (TM *b^{e}yayin*) *māsāktî*

(271) Joüon, *MUSJ* 4 (1911) 3 ; Zorell, *Lexicon* 445a ; *PNWSP* 49 ; E. Vogt, *Biblica* 48 (1967) 71.

(272) Cf. les textes ougaritiques 52,6 ; 1081,22.

(273) *Biblica* 45 (1964) 408s.

Venez manger de mon pain
Et boire du vin que j'ai tiré.

b^eyên et non pas *b^eyayin* comme le voudrait le TM ; *b^eyên māsāktî* est une *catena constructa*, comme p.e. Is 29,1 *qiryat ḥānâ dāwid* « cité où campa David » ([274]) et en Ougaritique, texte 52,64 *aṯt itrḫ* « les deux femmes que j'ai épousées » ; texte 52,65 *ybn ašld* « les fils que j'ai engendrés » ([275]).

Le couple *lḥm* // *šty* est très fréquent en Ougaritique alors que l'Hébreu propose presque toujours *'ākal* // *šātâ*, sauf quelques exceptions dont le présent verset. Cf. texte 51,IV,35-37 :

lḥm hm štym
lḥm bṯlḥnt lḥm
šty bkrpnm yn

littéralement :

Voilà, mangez ! buvez !
Mangez des tables du pain !
Buvez des crûches du vin !

Prov 9,10s

t^eḥillat ḥokmâ yir'at YHWH
w^eda'at q^edōšîm bînâ
kî-bî yirbû yamèkā
w^eyôsîpû l^ekā š^enôt ḥayyim
Le commencement de la sagesse est la crainte de Jahweh,
Et l'intelligence, le respect du Saint.
Oui, par Lui tes jours se multiplieront,
Et Il t'ajoutera des années de vie.

q^edōšîm : Les versions anciennes, sauf la Syriaque qui a le singulier, l'ont compris comme « les saints » ([276]). Mais la grande majorité des traducteurs voit en *q^edōšîm* un *plurale majestatis* : titre de Jahweh. Le parallélisme *yir'at YHWH* // *da'at q^edōšîm* revient presque identiquement en Prov 2,5 *yir'at YHWH* // *da'at 'elōhîm*. Selon M. H.

([274]) Cf. les exemples cités par Gesenius–Kautzsch, *Grammatik* § 130d ; P. Joüon, *Grammaire* § 129q ; J. L. Seeligmann, *VT* 14 (1964) 85 n. 4.

([275]) Cf. W. F. Albright, *BASOR* 71 (1938) 37 n. 21 ; 82 (1941) 47 ; C. H. Gordon, *UT* § 8.16.

([276]) Ainsi A. Barucq, *Proverbes* 98 : « le savoir des saints ».

Pope ([277]) cette signification de *qᵉdōšîm* en Prov 9,10 est unique dans l'ensemble de l'Ancien Testament. Partout ailleurs les *qᵉdōšîm* sont des êtres divins, dieux d'autres peuples.

Ici il s'agit cependant d'un titre divin. Parmi ces titres, qui ne sont pas toujours reconnus comme tels (voir la discussion de Prov 2,7s), d'autres seraient encore à noter, ainsi en Jb 12,12 :

> *bîšîšîm ḥokmâ*
> *wᵉʾōrek yāmîm tᵉbûnâ*
> Chez le Vénérable se trouve la Sagesse.
> Et chez l'Ancien des jours l'intelligence.

Parmi les commentateurs, beaucoup, éprouvant quelque difficulté avec ce verset, lui donnent une autre place ou le considèrent comme une question avec réponse négative implicite. Mais ceci suppose, étant donné qu'à partir du v 13 Job parle de Dieu, que ce dernier ne soit introduit dans le discours que par le seul suffixe de *ʿimmô*, ce qui est improbable. Cette difficulté disparaît si le v 12 lui-même parle déjà de Dieu et inaugure la section Jb 12,12-25. La préposition *bᵉ* du premier stique exerce son influence dans le deuxième stique selon le principe d'ellipse.

La « longévité » de Jahweh est d'ailleurs exprimée par d'autres titres : Dn 7,9 : *ʿattîq yômîn* ; Ps 75,6 : *ʾal-tārîmû lammārôm qarnᵉkem tᵉdabbᵉrû bᵉṣûʾr ʿattīq* (TM *bᵉṣawwāʾr ʿātāq*) : « N'élève pas tes cornes contre l'Auguste, et ne contredis pas le Roc Ancien ([278]) ».

daʿat : « respect » avec Frankenberg. Voir la discussion de Prov 9,13 pour ce sens de la racine *ydʿ*.

bî : un bref examen des versions anciennes montre leur unanimité en faveur d'une traduction à la 3ème personne. Les versions modernes, au contraire, ont tendance à conserver *bî* mais doivent constater que, traduit à la 1ère personne, ce verset ne s'harmonise plus avec son contexte actuel ; deux hypothèses sont alors avancées : soit qu'il provienne d'un autre passage, qui serait l'un des discours de la Sagesse, soit qu'un autre verset, à situer après le v 10, ait été perdu.

En fait il ne semble pas nécessaire de changer *bî* en *bô* ou *bâ*, ni de déplacer le verset, car, selon ce qui a été dit plus haut ([279]), *bî* peut très bien signifier « par Lui » ou « par elle », comme en Phéni-

---

([277]) *El in the Ugaritic Texts* (VTS 2 ; Leiden 1955) 14.

([278]) Pour la vocalisation et la version cf. M. Dahood, *Psalms II* 212.

([279]) Voir la discussion Prov 8,35s.

cien (280). Qui désigne-t-on ainsi? Est-ce la Sagesse (281)? ou Jahweh, le Saint du verset précédent? Aucun argument n'est décisif. On pourrait faire état de la vocalisation du verbe du deuxième stique *yôsîpû* et y voir une forme archaïque *yaqtulû*, comme p.e. *yišrēhû* en Jb 37,3 (282).

Prov 9,13

'ēšet kᵉsîlût hômiyyâ
pᵉtiyôt (TM *pᵉtayyût*) *ûbal-yādᶜâ mâ*
Dame Folie est turbulente,
Simplette qui n'a soin de rien.

'ēšet : on n'a pas affaire à un état construit de *'iššâ*, mais à la forme cananéenne absolue (283), cf. l'ougaritique *aṯt* et le phénicien *'št* (284). Scott (285) l'affirme également et il ajoute : « This is another example of the persistence of Canaanite forms in Hebrew Wisdom writings». C'est pourquoi on s'étonne de voir que le même auteur préfère changer *pᵉtayyût* en *pᵉtiyâ*, au lieu de vocaliser *pᵉtiyôt*, forme phénicienne fém. sing. comme *ḥokmôt*, etc. (286). *pᵉtiyôt*, en parallélisme avec *'ēšet kᵉsîlût*, est presque un nom propre donné à la Folie, « Simplette», suivi d'une explication :

ûbal-yādᶜâ mâ : le waw est un *waw-explicativum*, qui exerce la fonction de pronom relatif, comme l'a montré W. F. Albright (287) p.e. pour *kṯr wḫss* « Kothar qui est Ḫasis». Ce même waw-explicatif se trouve également en Ps 49,20 ;

---

(280) Scott, *Proverbs* 74 traduit bien : « For by it your days will be multiplied», mais il ne donne pas de note explicative. Autre exemple caractéristique de ce *bî* 3ème personne, en Jg 9,9 : *heḥdǒaltî 'et-dišnî 'ǎšer-bî yikbᵉdû* (TM *yᵉkabbᵉdû*) *'ĕlōhîm wa'ǎnāšîm* : « Est-ce que je vais renoncer à ma graisse, par laquelle les dieux et les hommes engraissent?»

(281) La « longueur de vie» est, en Prov 3,16, un don de la Sagesse, mais en 10,27 et 19,23, le fruit de la « crainte de Dieu».

(282) Cet argument n'a qu'une valeur relative, car, revocalisé au niphal, le verbe *yiwwāsᵉpû* pourrait donner un parallèle valable à *yirbû* du premier stique.

(283) KB³ 90b accepte cette forme absolue pour Dt 21,11 ; 1 S 28,7 ; Ps 58,9.

(284) Cf. Friedrich, *PPG* § 240,6 ; 241,6.

(285) *Proverbs* 75.

(286) Voir Prov 9,1 ; Friedrich, *PPG* § 228.

(287) *BASOR* 164 (1961) 36 ; cf. Gesenius–Kautzsch, *Grammatik* § 154 ; et la discussion de Prov 8,32.

Ps 3,4 *we'attâ YHWH māgān* (!) *be'ōdî* (TM *ba'ădî*)
kebôdî ûmērîm rō'šî
Mais, toi, Jahweh, tu es mon Souverain tant que je vis,
Ma Gloire qui relève ma tête ([288]).

De l'avis de Toy le deuxième stique du verset étudié n'affirme pas l'ignorance de la Folie mais plutôt, et d'après le contexte, son habilité à séduire les hommes ([289]). C'est pourquoi — suivi par beaucoup d'autres ([290]) — il change *mâ* en *kelimmâ* : « elle ne connaît pas de honte ». Il vaudrait mieux reconnaître que le sens donné à *yāda'* n'est pas toujours celui de « connaître, savoir », mais plusieurs fois dans la Bible celui de « protéger, prendre soin de, s'occuper de » ([291]) (il designe alors généralement l'attitude de Dieu). Si Jahweh s'occupe activement de son peuple, la Folie, elle, ne s'occupe de rien, ne prend soin de rien.

Prov 10,1

bēn ḥākām yeśammaḥ-'āb
ûbēn kesîl tûgat 'immô
Un fils sage réjouit son père,
Mais un fils insensé fait le chagrin de sa mère.

'āb // *'immô* : la plupart des versions traduisent son père // sa mère (e contra Toy et Scott). Le principe d'ellipse, étudié à propos de Prov 5,16, fonctionne ici de telle sorte que *'āb* se trouve sous l'influence du suffixe pronominal de *'immô*. Ailleurs on a toujours *'ābîw* // *'immô* ([292]) ou *'ābîkā* // *'immekā* ([293]).

Prov 10,2

lō'-yô'îlû 'ôṣerôt reša'
ûṣedāqâ taṣṣîl mimmāwet
Des trésors, fruits de l'iniquité, ne profitent pas,
Mais la justice délivre de la mort.

([288]) Cf. M. Dahood, *Psalms I* 18.

([289]) *Proverbs* 189 ; Cf. Frankenberg, *Sprüche* 64 : « Diesen Worten ist ohne Künstelei ein in den Zusammenhang passender Sinn nicht abzugewinnen ».

([290]) Très récemment encore L. Alonso Schökel, *Proverbios y Eclesiastico* (Madrid 1968) 56.

([291]) Ps 1,6 ; 31,8 ; Am 3,2 ; Prov 12,10 ; cf. aussi le substantif *da'at* en Prov 9,10.

([292]) Prov 20,20 ; 30,11 ; pour 15,20 voir la discussion ci-dessous.

([293]) Prov 1,8 ; 6,20 ; 23,25.

Pour ceux qui sont convaincus que le Livre des Proverbes ne contient pas d'allusion à une survie et ne parle que d'une rétribution terrestre, la « mort » est toujours une « mort prématurée ». Récemment encore, R. Tournay (294) a défendu l'opinion selon laquelle l'idée d'une rétribution dans l'au-delà ne se serait manifestée qu'au temps des Maccabées : à ce moment beaucoup de justes sont tués à cause de leur fidélité, ce qui ne pouvait pas être une punition. Dans cette perspective on comprend une version comme celle de Scott : « Wealth gained through wickedness will prove of no advantage, but honesty will save man in mortal danger ». La plupart des commentateurs défendent ce point de vue d'une rétribution purement terrestre. Ce que dit Van der Ploeg (295) est représentatif d'une opinion quasi-unanime : « Le sage accepte le principe de la rétribution terrestre et parle de ce qu'on doit attendre selon l'ordre normal des choses ; la ' mort ' est une mort prématurée, la plus grave punition du péché » (296).

Naturellement, il serait abusif de voir partout des allusions à une vie de l'au-delà. Mais d'autre part, on ne peut guère comprendre ce verset sans le mettre en rapport avec Prov 11,4 et Si 5,8.

Prov 11,4 : *lō'-yô'îl hôn b^e^yôm 'ebrâ*
ûṣ^e^dāqâ taṣṣîl mimmāwet
La richesse n'est d'aucune utilité au jour de la colère,
Mais la justice délivre de la mort.

Si 5,8 : *'l tbṭḥ 'l nksy šqr ky l' yw'ylw*
bywm 'brh
Ne t'appuie pas sur les richesses injustes
Car elles ne te serviront de rien au jour de la colère.

yô'îlû : comparé avec *yô'îl* (11,4) et *yw'ylw* (Si 5,8), ce verbe ne semble pas faire allusion à une utilité purement terrestre, mais plutôt à ce que l'on pourra attendre « au jour de la colère ». Le contexte, en Prov 11,4 comme en Si 5,8 va aussi en cette direction (297).

---

(294) « Proverbes 1 – 9. Première Synthèse théologique de la tradition des Sages », *Concilium* 20,49-56.

(295) *Spreuken* 41.

(296) « De wijze stelt zich op het standpunt der aardse vergelding en heeft het over wat men *als regel* moet verwachten ; de ' dood ' is een vroegtijdig sterven, zwaarste straf voor de zonde ».

(297) Cf. Scott, *Proverbs* 87 selon lequel Prov 11,4 et les deux versets suivants affirment : « The survival value of virtue or ' righteousness ' ».

Noter qu'une comparaison entre 10,2 et 11,4 montre bien comment l'auteur se sert du « Ballast Variant » ([298]) : *mimmāwet* n'a pas de parallèle en 10,2a (rôle tenu par *bᵉyôm ʿebrâ* en Prov 11,4a), mais pour le compenser il avait placé en 10,2a, parallèle à *ṣᵉdāqâ*, l'expression plus longue *'ôṣᵉrôt rešaʿ* (désigné seulement par *hôn* en Prov 11,4a).

A propos de 11,4 Toy ([299]) cite Saadia qui traduit *yôm ʿebrâ* « jour de résurrection », ce qui va, selon Toy, « against the usage of Pr., which takes no account of the future life ». Mais, d'autre part, « le jour de colère », qui a une place importante dans les livres des prophètes, n'est que très rarement désigné sous le nom de *yôm ʿebrâ*. Cette expression, en Prov 11,4 ; Si 5,8 et Jb 21,30 est employée en parallélisme avec *māwet* ou dans un contexte qui parle de la mort ; dès lors la version « jour de trépas » ne serait-elle pas préférable ? D'autant qu'elle correspondrait à la première signification de *ʿābar* (« passer, traverser ») ? :

> La richesse n'est d'aucune utilité au jour du trépas,
> Mais la justice délivre de la mort.

Prov 10,4

> *rā'š ʿōśeh kap-rᵉmiyyâ*
> *wᵉyad ḥārûṣîm taʿăšîr*
> La paume des nonchalants appauvrit
> Mais la main des diligents enrichit.

kap-rᵉmiyyâ : litt. : « la paume de nonchalance », terme abstrait employé dans un sens concret. Ce phénomène « abstractum pro concreto » se retrouve de temps à autre dans la Bible, en particulier dans des textes poétiques ([300]). Parmi les indices qui permettent de le reconnaître, on note spécialement, comme ici, la présence d'un mot concret (*yad ḥārûṣîm*) mis en parallèle avec le mot abstrait. Cf. p. e. Ps 36,12 :

> Que point ne m'atteigne le pied des orgueilleux (*gaʿăwâ*),
> Et que le bras des méchants ne me terrasse pas ([301]).

([298]) Voir discussion Prov 6,5.

([299]) *Proverbs* 222.

([300]) Cf. W. A. van der Weiden, « ʿ Abstractum pro concreto ', phaenomenon stilisticum », *VD* 44 (1966) 43-52.

([301]) *VD* 44 (1966) 48 ; M. Dahood, *Psalms I* 224.

Le mot *r^emiyyâ* prend également une signification concrète en Prov 12,27 et 12,24 :

yad-ḥārûṣîm timšôl
ûr^emiyyâ tih^eyeh lāmas
La main des diligents dominera
Mais les nonchalants deviendront tributaires.

En effet l'expression *hāyâ lāmas* « devenir tributaire » a toujours pour sujet une ou plusieurs personnes [302]. *r^emiyyâ* signifierait donc « nonchalants » plutôt que « nonchalance ».

Prov 10,20

kesep nibḥār l^ešôn ṣaddîq
lēb r^ešā'îm kim'āṭ
Comme de l'argent de choix est la langue du juste
Le cœur des méchants est comme peu de chose.

La préposition *k^e* de *kim'āṭ* exerce son influence, par le principe d'ellipse, traité à propos de Prov 6,5, sur l'expression parallèle *kesep nibḥār*. Noter aussi le chiasme de ce verset a + b // b' + a'.

Prov 10,29

mā'ôz lattōm derek YHWH
ûm^eḥittâ l^epō'ălê 'āwen

Beaucoup de traductions et de commentaires hésitent sur la division du premier stique :

mā'ôz lattōm / derek YHWH : Gispen, NBG, Bible de la Pléiade, Barucq, Alonso Schökel.
mā'ôz lattom derek / YHWH : BH³, Frankenberg, Toy, BJ, Gemser, v.d. Ploeg, Kidner, Scott.

Toy formule la difficulté, ressentie par la plupart de ceux qui adoptent cette dernière solution, quand il dit : « Stronghold is a strange predicate of way » [303]. C'est pourquoi on retiendra ici quelques arguments qui

[302] p.e. Dt 20,11 ; Jg 1,30.33.35.
[303] *Proverbs* 217.

plaident en faveur de la première hypothèse et défendent la version suivante, tout en conservant la vocalisation du TM :

> La puissance de Jahweh est une forteresse pour l'homme intègre,
> Mais une ruine pour les fauteurs d'iniquité.

derek : s'il a pour prédicat le terme *māʿôz*, *derek* est vraisemblablement employé dans le sens de « puissance, pouvoir, richesses » comme l'ougaritique *drkt* [304].

lattōm : cette vocalisation est généralement rejettée par ceux qui considèrent *lattom derek* comme catena constructa. Barucq et la Bible de la Pléiade, qui ne changent pas la vocalisation, traduisent « l'intégrité ». Le parallélisme avec l'expression concrète *l^{e}pōʿălê 'awen* semble demander une version concrète et invite donc à considérer *tōm* comme *abstractum pro concreto*, phénomène fréquent dans les textes poétiques [305], « l'intégrité » pour « l'homme intègre ». On peut également défendre la vocalisation massorétique *tōm* comme participe de *tāmam* [306].

Ces quelques remarques, on le voit, n'ont qu'une valeur relative et ne peuvent prétendre imposer la première possibilité. La seconde garde d'ailleurs un argument valable du fait de l'existence de l'expression *tom-derek* de Prov 13,6.

Prov 11,7

b^{e}môt 'ādām rāšāʿ tō'bad tiqwâ
w^{e}tōḥelet 'ônîm 'ābādâ
A la mort de l'homme méchant son espoir périt
Et l'espérance mise dans ses richesses périt.

Cette version, globalement semblable à celle que propose A. Guillaumont dans la Bible de la Pléiade, est claire et a l'avantage de ne pas « corriger » le TM. Ce verset est appelé « corruptus » (BH), « incer-

---

(304) Pour ces sens « nouveaux » de *derek* voir H. Zirker, *BZ* 2 (1958) 291-294 (bibliographie) et récemment M. Dahood, *Biblica* 45 (1964) 404 ; cf. KB^3 223a.

(305) Cf. la discussion de Prov 10,4.

(306) Cette vocalisation du participe des verbes ע״ע a été proposée par Dahood, *Biblica* 44 (1963) 299s pour *ʿōz* < *ʿāzaz* en Prov 24,5 et *tōm* en état construit en Prov 13,6.

tain» (Toy) ou « verdächtig» (Gemser). Et pourtant, si la longueur des stiques n'est pas très esthétique, le nombre de syllabes n'a cependant rien d'anormal : 10 + 9 [307]. De plus, changer le texte à cause du nombre des accents peut être parfois dangereux. La même idée est exprimée en Prov 11,4 et Si 5,8 : des richesses, surtout si elles sont le fruit d'actions répréhensibles, ne sont d'aucune utilité à l'heure de la mort [308]. La corrélation entre méchants et riches ou richesses se trouve formulée plusieurs fois dans les livres de l'Ancien Testament :

Is 53,9 : *yittēn 'et-rᵉšāʿîm qibᵉrô*
wᵉ'et-'āšîr bᵉmōtāyw
On a mis sa tombe avec les méchants
Et son sépulcre avec le riche [309].

Et en Jb 24,6 là où le TM lit *kerem rāšāʿ* « la vigne du méchant», on change souvent en *kerem ʿāšîr* « la vigne du riche» [310].

'ônî-m : A. Guillaumont, suivi en cela par Barucq, traduit « les richesses». On remarquera toutefois qu'en 7a il traduisait *tiqwâ* par « son espoir» bien que ce mot ne porte pas de suffixe pronominal ; or la justification de cette version semble demander l'adjonction d'un suffixe possessif à « richesses». En effet, par deux fois, en Os 12,9 et Jb 20,10, on rencontre *'ôn* = « richesses» et chaque fois il s'agit d'un singulier avec suffixe : *'ônô* « ses richesses». Ne vaudrait-il donc pas mieux lire *'ônî-m* « ses richesses» avec *yod* comme suffixe pronominal de la 3ème pers. sing. [311], suivi du mem-enclitique [312]? Par le principe d'ellipse ce suffixe exercerait également son influence sur le terme parallèle *tiqwâ* : « son espoir». Dans ce verset on peut encore noter le phénomène « Ballast Variant» traité à propos de Prov 6,5. On a ici a + b + c // c′ + b′ : l'absence d'un élément a′ est compensée par la longueur de c′.

Moshe Held a attiré l'attention sur un autre phénomène stylisti-

---

(307) Il se retrouve p.e. en Prov 11,11.

(308) Cf. la discussion de Prov 10,2.

(309) Cf. A. Wocken, « Der Reiche im Alten Testament. Ein Beitrag zur Isaias LIII,9», dans *Trierer Theologische Zeitschrift* 62 (1953) 52-58 ; V. de Leeuw, *De Ebed Jahweh-Profetieën* (Assen 1956) 248.

(310) Cf. S. R. Driver et G. B. Gray, *The Book of Job* (ICC ; Edinburgh 1958[3]) II, 167.

(311) Pour ce suffixe voir Prov 8,35.

(312) Le mem-enclitique a été traité à propos de Prov 4,1. Pour ce mem après le suffixe d'un substantif cf. H. D. Hummel, *JBL* 76 (1957) 99s.

que : l'usage, commun à l'hébreu et à l'ougaritique, de la séquence *yqtl – qtl* ou *qtl – yqtl* du même verbe ([313]).

A titre d'exemple, on lit en 1 Aqht,114s :

knp nšrm bʿl yṯbr
bʿl ṯbr diy hmt
Les ailes des aigles Baal les cassa
Baal cassa leurs plumes ([314]).

Or cette séquence se retrouve dans le verset étudié ici : *tōʾbad* y est suivi de *ʾābādâ* ([315]). Une fois reconnu ici, ce phénomène ne peut que déconseiller toute « correction» de l'un de ces deux verbes. Cf. la discussion de Prov 3,24, exemple échappé à l'attention de M. Held : *tiškab* // *šākabtā*.

Prov 11,11

bᵉbirkat yᵉšārîm tārûm qāret
ûbᵉpî rᵉšāʿîm tēhārēs
Par la bénédiction des hommes droits la ville est construite
Mais par la bouche des méchants elle est détruite.

tārûm : le parallélisme opposé de ce verset demande pour ce verbe une version plus précise que la traduction assez générale « est élevée» (dont le sens peut englober aussi bien l'édification matérielle de la ville que sa croissance en honneur ou en renommée). L'antithèse de *hāras* « détruire» est « construire, ériger». Le pilel a cette signification en Esd 9,9 : « Il (= Jahweh) a étendu sur nous sa miséricorde en face des rois de Perse, pour nous rendre la vie, pour construire (*lᵉrômēm*) la maison de notre Dieu». Dans l'inscription du roi ZKR de Ḥamath ([316]) on lit également *whrmw šr mn šr ḥzrk* : « Ils érigèrent un mur plus haut que le mur de ḤZRK».

De même en texte 51 où il est question de la construction du palais de Baal, on trouve à maintes reprises le verbe *r(y/w)m* en forme L en parallélisme avec *bny* « construire» ([317]) : p.e.

([313]) Moshe Held, « The YQTL–QTL (QTL–YQTL) Sequence of Identical Verbs in Biblical Hebrew and in Ugaritic», dans *Studies and Essays in honor of Abraham A. Neuman* (Leiden 1962) 281-290.

([314]) Autres exemples ougaritiques : *UT* 51,VI,38-40 ; 67,I,16s.

([315]) Autres exemples bibliques : Ps 29,10 ; Ps 38,12 ; Ps 93,3 ; Is 60,16 ; Am 7,4.

([316]) *KAI* 202,A,10.

([317]) En Hébreu *bānâ* est plusieurs fois mis en parallélisme opposé avec

texte 51,V,115s : *ḥš bhtm tbn* [ ]
ḥš trmmn hk[*lm*]
Vite qu'une maison soit construite
Vite qu'un palais soit érigé.
texte 125,87s : *wqrb tṣr q*[*br*]
tṣr trm tnm
Et tu dois faire un sépulcre
Faire un sépulcre, construire une voûte ([318]).

tārûm dans notre verset ne semble pas tant indiquer l'action de « construire, ériger » (propre aux conjugaisons causatives) que le résultat de cette action « être construite, érigée ».

Etant donné les diverses nuances de signification prises par le verbe *rûm* en Esd 9,9 ; Prov 11,11 et l'inscription de ZKR il ne semble pas nécessaire de supposer deux racines différentes en ougaritique, comme le propose G. R. Driver ([319]) :

rm < (√*rmm*) « constructed »
rm < (√*rwm*) « was high, exalted ».

Gordon et Aistleitner, pour leur part, ne reconnaissent qu'une seule racine.

Prov 11,14

beʾên taḥbūlôt yippol-ʿām
ûtešûʿâ berōb yôʿēṣ
Sans conseil de guerre un peuple est vaincu,
Mais la victoire est dans un grand nombre de conseillers.

Des mots comme *taḥbūlôt* (cf. Prov 20,18 ; 24,6) et *tešûʿâ* (cf. Jg 15,18 ; 2 S 19,3 ; Prov 21,31 ; 24,6) font penser qu'il s'agit ici d'une métaphore concernant la guerre. *nāpal* en parallélisme opposé à *tešûʿâ* « victoire » doit signifier « perdre, être vaincu ». L'usage de ce verbe serait alors très proche de celui que l'on fait du verbe « tomber » dans

---

hāras : Jr 24,6 *benîtîm welōʾ ʾehĕrōs* : « Je les construirai et je ne les détruirai pas ». Cf. Jr 31,28 ; 42,10 et Ps 28,5.

([318]) Cette traduction a été proposée par G. R. Driver, *CML* 43. « Voûte » pour « chambre funéraire » est très juste, vu l'usage en Ougarit d'enterrer les morts sous des voûtes aménagées sous les habitations.

([319]) *CML* 155.

beaucoup de langues (320). Lorsqu'en Hébreu *nāpal* est employé pour « tomber », à propos de royaumes (321), il exprime très clairement la nuance « être vaincu ». N'est-ce pas en ce sens que le verbe est utilisé dans le récit de la mort de Saül en 2 S 1 ? Ce récit diffère sensiblement de 1 S 31, où est raconté le suicide de Saul. En 2 S 1 Saul est appuyé sur sa lance et appelle l'Amalécite pour être tué par lui. Et l'Amalécite raconte, 2 S 1,10 : *wa'eʿĕmōd ʿālāyw wa'ămōtᵉtēhû kî yādaʿtî kî lō' yiḥyeh 'aḥărē nipᵉlô* : « Alors je me tins contre lui et je le mis à mort, car je savais qu'il ne survivrait pas une fois vaincu ». Si cette compréhension de *nāpal* est exacte, il faut y voir l'annonce de la mort certaine que les Philistins auraient infligé à Saul après l'avoir vaincu.

taḥbūlôt : « conseil de guerre ». Le parallélisme avec *bᵉrōb yôʿēṣ* indique peut-être un *abstractum pro concreto* (322). (On observera que les versions anciennes avaient déjà recouru à une harmonisation en lisant *ʿēṣâ* « conseil » au lieu de *yôʿēṣ* (323). Mais en Français « conseil » peut avoir ce double sens de « conseil » et « conseiller », de même qu'en Allemand « Kriegsrat » est nettement ambivalent : « conseil de guerre » ou « conseiller de guerre ».

Prov 11,18

rāšāʿ ʿōśeh pᵉʿullat-šāqer
wᵉzōrēaʿ ṣᵉdāqâ śeker 'ĕmet
littéralement :
Le méchant récolte une acquisition trompeuse,
Mais celui qui sème la justice une récompense assurée.

Bien que le participe *zōrēaʿ* fournisse un indice assez clair sur la métaphore de ce verset, celle de l'agriculture, la plupart des commentateurs n'y ont pas prêté attention. Néanmoins, plusieurs fois le verbe *ʿāśâ* a le sens de « récolter, ramasser, recueillir » p.e. Gn 12,5 ; 31,1 ; Dt 8,17s ; Jb 5,12 (324) ; Prov 31,29 ; Ez 28,4 : *bᵉḥokmātᵉkā ûbitbûnātᵉkā ʿāśîtā lᵉkā ḥāyil wattaʿaś zāhāb wākesep bᵉ'ôṣᵉrôtèkā* : « Par ta sagesse et ton intelligence tu t'es ramassé des richesses, Et tu as recueilli de

(320) Cf. lat. « cadere » ; holl. « vallen » (se dit aussi d'une ville qui est prise).
(321) Ainsi Is 3,8 ; 21,9 ; Jr 51,8 ; Am 5,2.
(322) Pour ce phénomène cf. la discussion de Prov 10,4.
(323) Toy, *Proverbs* 230 préfère ce changement.
(324) Cf. M. Pope, *Job* 40.

l'or et de l'argent dans tes silos». Dans le deuxième stique c'est le même verbe qui revient, mais sous-entendu ([325]).

Ce verset est un autre exemple de « Ballast Variant» ([326]) : a + b + c // a' + c' : le verbe du premier stique n'a pas d'équivalent dans le deuxième, mais cette absence est compensée par un sujet plus détaillé : *zōrēaʿ ṣᵉdāqâ* // *rāšāʿ*.

Prov 12,7

hāpôk rᵉšāʿîm wᵉʾênām
ûbêt ṣaddîqîm yaʿămod
Les méchants sont renversés et ne sont plus
Mais la maison des justes tient debout.

hāpôk : en accord avec le TM, on peut bien voir ici un infinitif absolu, même si de nombreux traducteurs et commentateurs revocalisent le verbe pour lui donner une forme à l'impératif ([327]). Cette construction — infinitif absolu suivi du sujet — se retrouve dans un très grand nombre d'exemples en hébreu, phénicien et ougaritique ([328]), v.g. Ps 17,5 *tāmōk ʾăšuray* : « mes jambes s'attachaient» ; *KAI* 26, A,I,7 : *wpʿl ʾnk ss ʿl ss* : « Et je ramassais cheval après cheval» ; *UT* 49,VI,30s : *yru bn il⟨m⟩mt ṯṯʿ ydd il ġzr* : « Le Dieu Môt craignait, le héros, préféré d'El, avait peur».

Prov 12,17

yāpîaḥ ʾĕmûnâ yaggîd ṣedeq
wᵉʿēd šᵉqārîm mirmâ
Un témoin véridique révèle la vérité,
Mais un témoin menteur la tromperie.

Pour *yāpîaḥ* (ici en parallélisme suggestif avec *ʿēd*) voir M. Dahood, *Biblica* 46 (1965) 319s, bibliographie. Le parallélisme strict de ce verset montre que la nuance de *ṣedeq* « droit» ici est plutôt « justice en parole : vérité». On rencontre la même signification en Ps 52,5 :

([325]) Il s'agit ici d'une ellipse, dont on a vu plusieurs formes dans la discussion de Prov 5,16. Cf. aussi Prov 12,17.

([326]) Cf. Prov 6,5.

([327]) Récemment encore A. Barucq, *Proverbes* 114.

([328]) Pour une discussion et quelques exemples cf. Prov 3,12.

'āhabtā rā' miṭṭôb šeqer middabbēr ṣedeq: « Tu aimes mieux le mal que le bien, Le mensonge plutôt que de dire la vérité ».

Prov 12,20

mirmâ b^e leb-ḥōr^e šê rā'
ûl^e yō'ăṣê šālôm śimḥâ
C'est la fausseté qui provient du cœur de ceux qui forgent le mal,
Mais de ceux qui donnent des conseils salutaires, c'est la joie.

La fausseté ne semble pas tellement *être dans* le cœur de ceux qui forgent le mal, comme la joie n'est pas non plus tout d'abord chez les bons conseillers mais chez ceux qui profitent de leurs conseils. Il s'agit plutôt du résultat de leur manière d'agir. Comme, en Prov 11,15, la victoire est le résultat operé par les bons conseillers, de même « forger du mal » a toujours des conséquences fâcheuses pour les autres ([329]). Souvent dans les textes poétiques — mais pas seulement là — les prépositions *b^e* et *l^e* sont à traduire par « de ; de la part de ». Toy ([330]), qui ne connaissait pas cette signification de *b^e*, supposait pourtant une telle nuance lorsqu'il écrivait : « Injustice (c'est ainsi qu'il traduit *mirmâ*) is their purpose, belongs to their nature, and is the product of their acts ».

Noter le chiasme de ce verset : a + b // b′ + a′.

Prov 12,23

'ādām 'arûm kōseh dā'at
w^e lēb k^e sîlîm yiqrā' 'iwwelet
L'homme avisé tient caché son savoir
Mais le cœur des sots proclame sa folie.

L'explication du premier stique s'est avérée difficile à plusieurs de ses commentateurs. A. Barucq écrit : « Un autre fruit de la sagesse est le *savoir* .... Les lèvres du sage le répandent (15,7a) et sa langue le rend aimable (15,2a) .... Pour noble et précieux que soit le savoir il ne convient pas d'en faire ostentation (12,23). Pourquoi? le sage ne le dit pas. Est-ce à cause du caractère intime et personnel de cette

([329]) Voir Prov 3,29 ; 6,18.
([330]) *Proverbs* 254.

richesse? ou parce qu'il le considère comme un don de Yahweh (331)?» Qu'on le veuille ou non, ce raisonnement reste quelque peu déroutant! C'est pourquoi on comprend assez bien H. Grätz (332) qui a voulu harmoniser ce verset avec 15,2 et 15,7 en remplaçant «cacher» par «exposer». On peut obtenir cette signification sans qu'il soit nécessaire de changer le TM; le Livre des Proverbes connaît plusieurs emplois de *kāsâ* en son sens privatif (333): «découvrir, exposer». Vu les exemples et l'usage du sens privatif en hébreu et en ougaritique, on gagnerait alors à vocaliser *kissâ*, piel:

L'homme avisé expose son savoir,
Mais le cœur des sots proclame sa folie.

Prov 12,26

yātūr mērāʿēhû (TM *yātēr mērēʿēhû*) *ṣaddîq*
wᵉderek rᵉšāʿîm tatʿēm
Le juste évite ce qui est un danger pour lui,
Mais la route des méchants les égare.

Un examen des versions et commentaires de ce verset révèle un très grand nombre de «corrections» proposées pour donner un sens à ce verset difficile. Mais l'unité ne s'est pas encore faite sur le choix de la meilleure voie à suivre (334). Il pouvait donc sembler audacieux ou superflu de proposer encore une autre solution; et pourtant si l'on

(331) *Le Livre des Proverbes* 111-113.

(332) Cité par Toy, *Proverbs* 255.

(333) Prov 10,11.18; 26,26. Voir M. Dahood, *PNWSP* 19.

(334) Comparer p.e,:

Barucq: Le juste montre la voie à son compagnon
Mais la route des méchants les égare.

BJ: Un arbitre équitable est ami de soi-même
La voie des méchants les égare.

Alonso Schökel: El justo vigila por dónde va
El malvado extravá su camino.

van der Ploeg: Le juste explore son pâturage
Mais les méchants s'égarent
(De rechtschapene zoekt zijn weideland af
Maar de bozen komen op een dwaalspoor terecht).

NBG: Le juste discerne celui qui lui veut du mal
Mais la route des impies les égare
(De rechtvaardige onderkent wie hem kwaad wil doen,
Maar de weg der goddelozen doet hen dwalen).

remarque que, parmi ces explications, beaucoup sont basées sur un changement du texte consonantique, peut-être pourra-t-on reconnaître quelque valeur aux notes proposées ici, à partir du respect de ce texte.

yāṭūr : imparfait de *ṭûr*, considéré comme une forme dialectale proche de *sûr*, avec la même signification de « tourner, détourner, éviter ». Cette forme serait à relier à l'ougaritique *ṭwr* « tourner » (335) et l'accadien *târu* « se tourner, détourner, revenir ». Dans l'inscription d'Asarhaddon on trouve la formule : « Qui n'a pas reculé (*la i-tu-ru*) devant les armes dégainées et l'assaut d'une dure bataille (336) ».

Ce sens de *ṭûr* semble revenir en Nb 15,39 : *ṭûr 'aḥărê* « suivre » est probablement plus proche de ce *ṭûr* « (dé)tourner » que d'« épier, examiner ». Le substantif *ṭôr* « tour » en Est 2,12.15 et l'ornement de Ct 1,10s « collier » appartiennent vraisemblablement à cette racine. Si *ṭûr* est une forme dialectale ou un synonyme du verbe *sûr* nous avons ici la même idée qu'en Prov 14,16 ; 16,17 ; 22,3 ; *27,12* : « L'homme avisé voit le danger et se détourne, Mais les simples passent outre et ils portent la peine ».

rā'ēhû : le suffixe a un sens datival (337) : « un malheur, un danger pour lui » (338).

---

(335) Gordon, *UT* Glossary 2539 : « to turn ».

(336) Traduction de M.-J. Seux, *Epithètes Royales akkadiennes et sumériennes* (Paris 1967) 342.

(337) Cf. Joüon, *Grammaire* § 129h·

(338) Sans changer le texte consonantique on peut aussi vocaliser très différement et obtenir une version intéressante :

> *yᵉtārîm rā'â wᵉṣaddîq*
> *wᵉderek rᵉšā'îm tat'ēm*
> Le vrai juste jouit de ses possessions,
> Mais la richesse des méchants les égare.

yᵉtārîm : « richesses, possessions » comme p.e. en Ps 17,14 et Ha 2,8. *rā'â* : une nuance semblable de ce verbe se trouve aussi en Prov 10,21 et Ps 37,3. *derek* : à propos de la discussion de Prov 10,29 on a noté l'élargissement de signification de cette parole, conforme à l'ougaritique *drkt*. M. Dahood, *Biblica* 45 (1964) 404 donne les nuances : « dominion, power, wealth ».

L'idée que le juste peut jouir de ses richesses et que le méchant, précisément en raison de ses possessions (souvent acquises d'une manière injuste), va vers sa ruine, est fréquente dans la littérature sapientiale : Prov 10,21 : « Les lèvres du juste se nourriront de richesses ». — Ps 37,3 : « Ayez confiance en Jahweh et agissez bien, habitez la terre et nourrissez-vous de ses richesses ». — Prov 10,2 : « Des trésors, fruits de l'iniquité, ne profitent pas, mais la justice délivre de la mort ». (Voir aussi Prov 11,4 et Si 5,8 cités dans la discussion de Prov 10,2.)

Prov 12,27

lō'-yaḥărōk r^emiyyâ ṣêdô
w^ehôn-'ădēm (TM *'ādām*) *yōqir* (TM *yāqār*) *ḥārûṣ*

Au cours des siècles ce verset a du subir, tout comme le précédent, de nombreuses corrections ([339]). Du deuxième stique on a donné généralement une version plausible, après avoir changé de place les deux derniers termes. Toutefois, ces procédés ne sont pas très satisfaisants.

Même si l'on ne peut fournir une version parfaite, on a le droit, semble-t-il, de proposer ce qui pourrait devenir un élément d'une meilleure version.

Dans une inscription punico–latine, trouvée dans les thermes de Leptis-Magna ([340]) nous lisons :

FELIOTH IADEM SY ROGATE YMMANNAI
Oeuvre des mains de Rogatus l'artisan.

Les deux premiers termes se retrouvent dans une même combinaison en Ps 17,4 : *bal-ya'ăbār-pî lip'ullôt 'ădēm* (TM *'ādām*) : « Ma bouche n'a pas transgressé contre les œuvres de tes mains » ([341]). On peut constater ici qu'il existe probablement en Hébreu une forme dialectale de *yād* c.à.d. *'ād*, forme qu'on trouve en ougaritique et en arabe *'idun* « fois ». La même forme *'ădēm* se trouve en Ps 68,19 : *lāqaḥtā mattānôt bā'ădēm* (TM *bā'ādām*) : « Tu as accepté des dons de leurs mains » ([342]).

hôn : l'explication étymologique que les dictionnaires donnent de ce terme ([343]) trouve une confirmation dans l'épithète *hyn* de *kṯr wḫss* dans les textes ougaritiques. Aistleitner traduit « der Gewandte » et Driver « deft, handy » ([344]). Noter aussi l'expression *hyn dḥrš ydm* :

---

w^eṣaddîq : le waw de *r'hw* peut être relié à la parole suivante, où il fait fonction de particule emphatique (cf. la discussion de Prov 8,32) : « le vrai juste ».

([339]) Cf. J. Barr, *Comparative Philology and the Text of the Old Testament* (Oxford 1968) 28s.

([340]) *KAI* Band I, 178 ; *KAI* Band II, page 165.

([341]) Cf. M. Dahood, *Psalms I* 95.

([342]) Cf. M. Dahood, *Psalms II* 143.

([343]) p.e. KB[3] 232b : mhe.[2], ja[g] hwn' Fähigkeit, Vermögen, cp. sy. md. (MdD 117b) Verstand.

([344]) Cf. H. L. Ginsberg, *BASOR* 95 (1944) 25 n. 4 : « Bauer's identification

« Hyn of the handicraft » ([345]). *hôn 'ādēm* pourrait bien être « dextérité des mains ».

yōqīr : hiphil 3ème pers. sing. imp. de *yāqar* « être important, précieux ».

rᵉmiyyâ : comme on l'a déjà montré ([346]) ce substantif abstrait peut avoir un sens concret, surtout en parallélisme avec un terme concret. Ici, comme en 12,24, *rᵉmiyyâ* se trouve en parallélisme avec *ḥārûṣ* « l'homme diligent », et le sens n'est donc pas « nonchalance » mais plutôt « le nonchalant ».

On obtient alors la version suivante :

> Le nonchalant ne rôtit (même) pas son gibier
> Mais la dextérité des mains rend le diligent important.

Prov 13,4

mit'awwâ wa'ayin napšû (TM *napšô*) *'āṣēl*
wᵉnepeš ḥāruṣîm tᵉduššān
Le désir du paresseux convoite, mais en vain,
Tandis que le désir des diligents sera comblé.

L'expression *nepeš hāruṣîm* dans le deuxième stique déconseille l'omission de *napšô* dans le premier ([347]). Il n'est pas bon non plus, semble-t-il, de séparer *napšô* de *'āṣēl*, comme le proposent plusieurs auteurs ([348]). Sans doute Toy ([349]) a-t-il raison de considérer le *waw* de *napšô* comme une « trace pétrifiée » d'une finale du nominatif. Dans ce cas on doit vocaliser *napšû*, cf. des expressions ougaritiques comme *ksu ṯbth* (*UT* 51,VIII,12s) : « le trône où il s'asseoit » (litt. : « le trône de son asseoir ») ; *ṣbu špš* (*UT* 3,47.53) : « lever du soleil » ([350]).

---

of the craftsmangod's name *HYN* with the Arabic word *hayyin* ' easy ' and his attribution to it of the sense of ' deft ' in Ugaritic ought never to have been opposed. That one word can have both meanings is proved by the Latin *facilis* ».

([345]) Gordon, *UT* Glossary 761.

([346]) Cf. le traitement de Prov 10,4.

([347]) Proposée par BH³ et plusieurs versions anciennes.

([348]) Ainsi A. Barucq qui lit *lᵉnapšô*.

([349]) *Proverbs* 266.

([350]) Cf. Gordon, *UT* § 8.13.

Pour d'autres cas de finale du nominatif ou du génitif voir les exemples de Gesenius–Kautzsch, *Grammatik* § 90l-o.

Prov 13,5

d^{e}*bar-šeqer yiśnā' ṣaddîq*
w^{e}*rāšā' yab'îš w*^{e}*yaḥpîr*
Le juste hait des choses mensongères,
Mais le méchant agit mal et honteusement.

yab'îš : plusieurs dictionnaires et commentaires voient ici une erreur d'orthographe pour *yābîš* ([351]). Quoique *bā'aš* soit souvent dit des choses malodorantes, il s'emploie également pour qualifier certaines personnes ([352]). On peut signaler cet usage dans le sémitique de l'Ouest, où *b'š* n'a pas ce sens limité de « sentir mauvais » (choses pourries), mais plutôt le sens général « être mauvais », cf. les exemples fournis par Jean–Hoftijzer ([353]). C. H. Gordon ([354]) donne la racine *b'š* « to be bad » pour les textes 18,18 et 19,10. Aistleitner ne propose pas de traduction (les textes ne sont parvenus qu'en très mauvais état). On peut s'étonner de ce que A. Herdner dans l'*editio princeps* ([355]) ne donne pas *baš* en 18,18 mais *bnš*, alors que la figure correspondante ([356]) se lit clairement 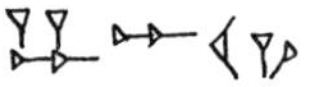 ([357]).

Prov 13,15

śēkel-ṭôb yitten-ḥēn
w^{e}*derek bōg*^{e}*dîm 'yt nēkel* (TM *'êtān kol*)

Beaucoup de commentateurs ne savent pas comment comprendre le dernier mot de 15b *'êtān*. Des traductions comme « ardu » (Barucq) « rough » (Scott) ne peuvent pas être reçues, selon Frankenberg ([358]). On peut trouver une solution en transférant le premier terme de 13,16 *kol* vers la fin de 13,15. Avec une revocalisation de *'êtān kol* en *'yt nēkel* on obtient une version acceptable :

([351]) Une comparaison avec 19,26 peut confirmer cette hypothèse

([352]) Par ex. 1 S 27,12 ; Is 30,5 (où la même correction est proposée !).

([353]) *Dictionnaire* 31 : « *b'yš* mauvais, dit d'un esprit ; mauvais, dit de la mort de quelqu'un ; quelque chose de mal ».

([354]) *UT* Glossary 439.

([355]) *Corpus Tablettes Alphabétiques* I 55,18 (*UT* 18,18).

([356]) *Corpus* II fig. 106.

([357]) La vérification d'après la photographie (planche XLVI) est impossible car les derniers caractères sont écrits sur le côté de la tablette.

([358]) *Sprüche* 83 : « Diese Übersetzung entbehrt jeder sprachlichen Berechtigung ».

L'intelligence d'un homme bon procure la faveur
Mais l'attitude des perfides (procure) la ruse.

'yt : forme dialectale septentrionale (phénicienne) de la *nota accusativi* (359).

Prov 13,16

'ārûm ya'ăśeh bᵉdā'at
ûkᵉsîl yiprōś 'iwwelet
L'homme avisé récolte la vraie sagesse
Mais le sot sème la folie.

Pour la transposition de *kol* vers le verset précédent voir la discussion de 13,15. Les contrastes *kᵉsîl* et *'ārûm* ; *'iwwelet* et *dā'at* sont si forts qu'on s'attend à une opposition plus nette que celle de « semer » et « agir ». Cette opposition *pāraś* – *'āśâ* est possible, puisque *'āśâ* prend plusieurs fois la signification de « ramasser, recueillir, récolter » (360). La métaphore de ce verset est empruntée à l'agriculture(361). Comme *'iwwelet* est l'objet de *pāraś*, ainsi *dā'at* pourrait être l'objet de *'āśâ*. Le beth de *bᵉdā'at* serait alors un beth-emphatique (362) qui donnerait plus de relief à *dā'at* « la vraie sagesse » ou « beaucoup de sagesse ».

Une structure très harmonieuse apparaît ainsi dans ce verset a + b + c // a' + b' + c'.

---

(359) J. Friedrich, *PPG* § 255.
Autre possibilité : la vocalisation *'ittēn kol* :
Un bon jugement procure de la faveur,
Mais l'attitude des perfides ne procure rien du tout.
Dans ce cas *'ittēn* est une contraction de *'î – yittēn* : *'î* est une particule de négation comme p.e. en Jb 22,30 ; Prov 5,17 ; Ps 32,8 : *'î 'āṣâ 'alèkā 'ênî* : « Mon œil n'est jamais fermé sur toi ». Cette particule est très fréquente en ougaritique, phénicien, mishnah-hébreu, éthiopien et accadien ; cf. A. Goetze, « Ugaritic Negations », dans *Studia Joanni Pedersen ... dicata* 122s. Dans *Biblica* 32 (1951) G. R. Driver avait déjà cherché une solution dans ce sens, mais il supposait une haplographie *'î – 'êtan*, probablement superflue.

(360) Voir la discussion de Prov 11,18.

(361) Pour un traitement tout récent des métaphores en général et de celle de Prov 13,15s en particulier voir M. Dahood, « Congruity of Metaphors », dans *Hebräische Wortforschung* (Festschrift zum 80. Geburtstag von Walter Baumgartner ; Leiden 1967) 40-49 ; spéc. 42s.

(362) Cf. Prov 2,15 où on a traité déjà un cas probable de cette particule emphatique.

Prov 13,23

rāb-'ōkel nîr rā'šîm
w^eyēš nispâ (TM *nispeh*) *b^elō' mišpāṭ*

C'est en affirmant « The Hebr. text, as it stands, yields no sense » que Oesterley commence son commentaire de ce verset, tandis que Frankenberg avance toute une série d'objections contre les explications qui en sont traditionnellement données. Mais la version de Frankenberg (il change *rā'šîm* en *r^ešā'îm*) n'est pas non plus satisfaisante ; elle contient néanmoins un élément à retenir :

> Speise in Hülle und Fülle ist der Neubruch der Frevler
> Und Besitz zusammengescharrt auf unrechte Art.

Très justement Frankenberg a conclu du parallélisme que la signification de *yēš* est ici la même qu'en Prov 8,21 et Si 42,3 : « possessions, richesses » ([363]).

A propos de Prov 11,7 on a noté le fait que l'Ancien Testament, spécialement dans la littérature sapientiale, considère souvent « riche » et « injuste » comme synonymes. La présence de *mišpāṭ* dans le deuxième stique suggère donc que les « pauvres » sont ici les « justes », les *ṣaddîqîm* des deux versets précédents.

En Prov 2,8 et Ps 37,28 ([364]) *mišpāṭ* ne signifie pas « justice » mais, parallèle à *ḥăsîdîm*, « les justes ». En parallélisme opposé à *rā'šîm*, le nom composé *lō' mišpāṭ* n'est peut-être pas « injustice » mais « injustes ». Cette traduction de *rā'šîm* et *lō' mišpāṭ* trouve une confirmation, quoique assez faible ([365]), dans la LXX qui a *dikaioi* et *adikoi* dans ce verset.

La forme verbale n'est pas un participe niphal, mais plutôt un parfait 3ème pers. masc. sing. *nispâ*, tandis que le beth de *b^elō' mišpāṭ* est la préposition qui, comme souvent, indique la distance.

L'idée « les possessions sont dérobées aux injustes » est très commune dans la littérature sapientiale, où est longuement et souvent défendu le point de vue de la rétribution terrestre : les discours des trois amis de Job en sont des exemples très clairs (le 2ème discours d'Eliphaz Jb 15,1-35 contient plusieurs affirmations semblables à Prov

---

([363]) Voir Prov 8,21.

([364]) Cf. W. A. van der Weiden, *VD* 44 (1966) 49 et M. Dahood, *Psalms I* 231.

([365]) « Faible » car le texte de la LXX diffère sensiblement du TM.

13,23b) ; les deux versets précédents défendent aussi ce point de vue. D'où la traduction :

Les cultures des pauvres abondent en nourriture,
Mais les possessions sont dérobées aux injustes.

L'opposition entre justes et injustes consisterait donc ici en ce que les premiers, malgré leur pauvreté, recevront abondance de nourriture d'une terre à peine défrichée et donc encore infertile, tandis que les richesses, que les injustes possèdent, leur seront dérobées.

Prov 14,13

gam-biśḥōq yik'ab-lēb
w^e'aḥărîtāh śimḥâ tûgâ
Après le grand-rire le cœur s'attriste
Et la fin de la joie est douleur.

w^e'aḥărîtāh śimḥâ : Le *he* à la fin de *'aḥărît* peut être mis devant le terme suivant comme article : « la fin de la joie » ; c'est ce que proposent BH³ et presque tous les commentaires, bien que l'article dans une construction comme celle-ci ne soit pas fréquent en Prov ([366]). Parallèle à *'aḥărîtāh śimḥâ*, *gam-biśḥōq* ne peut pas signifier « dans le rire », idée contraire aux opinions du Livre des Proverbes concernant la vie ([367]). La solution est que la préposition *b^e* indique ici le *terminus a quo* comme souvent la préposition *min* « au bout de, après » : la période qui suit immédiatement une limite. En Ougaritique nous trouvons des expressions comme 1 Aqht 179s : *bšbʿ šnt* : « après sept ans » ([368]).

([366]) Le *he* peut-il rester aussi et fonctionner comme suffixe pronominal dans une « catena constructa » : « la fin de sa joie » ? (Cf. S. Gevirtz, *Patterns in the Early Poetry of Israel* [Chicago 1963] 80s ; une série d'exemples phéniciens et hébreux sont énumérés dans *JNES* 8 [1949] 113s ; p.e. en Ps 35,19 où on trouve *'ōy^ebay šeqer* « mes ennemis menteurs ».)

([367]) Oesterley, *Proverbs* 109 : « As the text stands this can either mean that all joy is tinged with sorrow, a conception quite foreign to the Hebrew outlook on life ; or, that outward joy is only a cloak of hidden sorrow ; but to lay this down as a general truth is contrary to experience, as the Wisdom writers would know well enough ».

([368]) A comparer avec un usage semblable de la préposition *l^e* dans les inscriptions phéniciennes et puniques où l'on voit des expressions comme *lmlky* : « après son gouvernement » (cf. J. J. Friedrich, « Punische Studien », *ZDMG* 107 (1957) 282-290 ; *KAI* Band II, p. 117).

Pour *gam* « à haute voix» en liaison avec *śāḥaq* voir ce qui a été dit à propos de Prov 1,26. Le parallélisme *śāḥaq* – *śimḥâ* se trouve aussi dans les textes mythiques d'Ougarit :

UT 49,III,14-16 : *šmḫ lṭpn il dpid*
pʿnh lhdm yṯpd
wyprq lṣb wyṣḥq
Lutpan, dieu gentil, se réjouit
Il posa son pied sur l'escabeau
Et il ouvrit largement ses mâchoires et rit.

2 Aqht,II,9s : *pnm tšmḫ wʿl yṣhl pi[t]*
yprq lṣb wyṣḥq
Son visage se réjouissait et son sourcil au dessus brillait,
Il ouvrit largement ses mâchoires et rit.

Prov 14,18

nāḥălû pᵉtāʾîm ʾiwwelet
waʿărûmîm yaktirû dāʿat
Les simples ont en partage la folie
Mais les hommes avisés acquièrent la science.

yaktirû en 18b présente une difficulté pour beaucoup de traducteurs. La signification *kātar* « entourer » ne convient pas en raison du contexte. La solution proposée et acceptée presque unanimement consiste à considérer *kātar* comme un verbe dénominatif de *keter* « couronne » : p.e. « être couronné » (Pléiade) ; « se faire un diadème » (Barucq), mais ceci reste « lexicographically doubtful », selon Toy [369].

En 1891 G. Bickell proposait la correction *yikrû* « ils acquièrent », de *kārâ* « acquérir, acheter ». Il s'agit d'un verbe peu fréquent en Hébreu, mais donnant un bon parallèle de *nāḥal.* Bickell omet le *taw*, mais il peut probablement rester. On obtient alors une autre forme verbale avec *t-infixum*, dont le principe a été discuté à l'occasion de Prov 5,5. La Septante aussi va dans cette direction en traduisant : *kratēsousin* « ils s'emparent ».

---

[369] *Proverbs* 293.

Prov 14,22

hălô'-yit'û ḥōr^e šê rā'
w^e ḥesed w^e'ĕmet ḥōr^e šê ṭôb
Ceux qui forgent le mal s'égarent sûrement,
Mais bienveillance et fidélité pour ceux qui forgent le bien.

Après la série d'oppositions des versets précédents (*sûg lēb* – *'îš ṭôb* ; *petî* – *'ārûm* ; *ḥākām* – *k^esîl* ; *rā'îm* – *ṭôbîm* ; etc.) voici un contraste entre ceux qui font le mal et ceux qui font le bien (*ḥāraš* = forger, travailler le métal) (370) ; un accent tout spécial est donné à cette opposition par la particule emphatique *hălô'* (371).

Si l'on cherche dans le deuxième stique le fondement d'un parallélisme opposé avec *yit'û* « s'égarent » on ne trouve rien dans les versions. Mais, en fait, c'est vraisemblablement cette opposition qui est suggérée par l'expression *ḥesed w^e'ĕmet* (372). Grâce aux mythes d'Ougarit on a redécouvert le motif des deux émissaires qu'un dieu envoie, soit pour transmettre un message soit pour accompagner quelqu'un.

Ce motif se retrouve plusieurs fois dans le Psautier, p.e. Ps 25, 21 : « Que Bienveillance et Fidélité me gardent » ; Ps 61,8 : « Bienveillance et Fidélité ont été désignées (*mūnū* au lieu de TM *man*) pour le garder » ; Ps 43,3 : « Envoie ta lumière et ta fidélité, voilà qu'elles me conduisent ». Dans le présent verset « bienveillance et fidélité » sont comme deux émissaires, envoyés par Jahweh pour guider les justes. Il y a dès lors une opposition entre « s'égarer » et la présence des deux guides. Dans les psaumes le contexte fait souvent penser à des guides qui mèneraient le juste vers sa destination définitive, vers Dieu. D'autre part, en plusieurs endroits *tā'â* signifie plus que le seul fait de « se tromper de route », cf. Prov 10,17 (: : *'ōraḥ l^eḥayyîm*) ; 12,26 et 21,16 (// *q^ehal r^epā'îm*). Selon ce verset ceux qui forgent le mal s'approchent donc de leur ruine définitive, tandis qu'au contraire les artisans du bien reçoivent de Dieu deux guides, qui les mènent vers leur destination suprême (373).

---

(370) Ainsi Prov 6,14 ; cf. *UHP* 58.

(371) Frankenberg, *Sprüche* 88 traduit, « Sicherlich » ; cf. ce qui a été dit de *hălō'* à propos de Prov 8,1.

(372) Cf. la discussion de Prov 3,3.

(373) Toy et plusieurs autres auteurs veulent introduire la préposition *l^e* devant *ḥōr^e šê ṭôb*. Pour Frankenberg ce ne serait pas nécessaire, une telle construction de sujet et prédicat n'étant pas anormale, cf. 13,18 *reš w^eqālôn pôrēa' mûsār* : « pauvreté et déshonneur pour celui qui rejette l'instruction ».

Prov 14,32

b rāʿātô yiddāḥeh rāšāʿ
wᵉḥōseh bᵉmôtô ṣaddîq
A cause de sa malice le méchant est jeté (dans le Shéol)
Mais le juste a confiance quand il meurt.

La traduction de ce verset est très contestée, car ici de nouveau [374] se pose le problème : le Livre des Proverbes contient-il des affirmations d'une survie dans l'au delà ou pas ? Toy [375] dit : « We must either suppose that Prov here announces a doctrine which is ignored in the rest of the Book, or we must recognize an erroneous reading in the Hebrew text». Il choisit la deuxième « possibilité» ! :

The wicked is overthrown by his wickedness
But the righteous may trust « to his integrity».

A. Barucq écrit : « Cette justice donne confiance même ' dans la mort ' (14,32b). Ici LXX a corrigé ' dans la piété ' mais ce n'est guère satisfaisant. Rien ne peut faire interpréter ce proverbe comme une confiance projetée en une vie dans l'au delà. Il exprime plutôt l'idée que, même aux portes de la mort, le juste peut avoir confiance en Dieu qui sauve du Shéol». [376].

La correction de *bᵉmôtô* en *bᵉtummô* ne sert, en fait, qu'à escamoter la difficulté, et il me semble préférable de maintenir le TM. Derek Kidner [377] dit très justement : « The Heb. text, however, must not be discarded merely as implying too advanced a doctrine of death». Scott préfére cependant reprendre cette correction, de même que L. Alonso Schökel dans sa version récente.

Tout en maintenant le TM, on pourrait — on devrait, selon Barucq — refuser de voir ici l'affirmation d'un au-delà. Si ce verset était le seul à contenir une telle affirmation on ferait mieux, sans doute, de s'en tenir à l'explication de Barucq. Mais vu le nombre, toujours croissant, de textes qui, dans la littérature sapientiale, surtout Job, Psaumes et Proverbes, expriment — explicitement ou implicite-

---

[374] Voir les remarques à propos de Prov 4,22 ; 10,2.

[375] *Proverbs* 300.

[376] *Proverbes* 131 ; cf. Oesterley, *Proverbs* 116 : « *in his death.* This cannot be right, as it would imply hope in a future life, and such a hope had not yet come into existence in Israel».

[377] *Proverbs* 111.

ment — la foi à une survie heureuse, peut-être faudrait-il réviser les idées généralement admises à ce sujet.

En fait, les études philologiques de ces dernières années ont jeté une lumière nouvelle sur la controverse toujours ouverte au sujet de la croyance à une survie — et pas uniquement celle des ombres dans le Shéol — chez les Israelites. Beaucoup d'exégètes veulent à tout prix conserver l'opinion traditionelle selon laquelle cette croyance serait très tardive — du temps des Maccabées — et ils expliquent les textes qui parlent de « redonner la vie », « ressusciter », etc. comme des gloses ou des relectures tardives ([378]). E. Jacob ([379]), pour sa part, adopte la position inverse et affirme nettement que la croyance à une survie remonte beaucoup plus loin dans le temps. Très tôt on trouve l'affirmation que tout n'est pas fini au moment de la mort : le pouvoir de Jahweh s'étend jusque dans le Shéol et sa justice exige une manifestation de ce pouvoir en faveur des justes ; d'autre part, ceux qui ont une certaine communion avec Jahweh dans cette vie ne peuvent pas s'imaginer que cela prendra fin. Naturellement, cette croyance n'est pas générale, mais elle n'est pas non plus totalement absente ([380]). Si les textes ougaritiques ont apporté du nouveau dans la discussion sur cette croyance, celui-ci consiste précisément dans une meilleure connaissance de la terminologie relative à la mort, laquelle figure fréquemment dans les mythes d'Ougarit comme un des dieux principaux. Et cette connaissance de la Mort fait mieux comprendre la Vie sous ses divers aspects, y compris la vie après la mort ([381]).

([378]) Cf. R. Tournay, « Relectures bibliques concernant la vie future et l'eschatologie », *RB* 69 (1962) 481-505.

([379]) Article « Immortality », *IDB* II 688-690.

([380]) Cf. H. Duesberg et I. Fransen, *Les Scribes Inspirés. Introduction aux Livres Sapientiaux de la Bible* (Éditions de Maredsous 1966) 452 : « Seulement la suite des crises qui a conduit les auteurs inspirés à la pleine lumière sur la rétribution des justes et des pécheurs n'est pas, à proprement parler historique, en ce sens que la chronologie des étapes est flottante, et cela importe peu. Nous sommes trop soucieux de dater les mouvements de la pensée ; il en est d'intimes et qui se passent hors du temps .... Il est impossible de dessiner d'un trait ferme le progrès continu de cette doctrine ; on ne peut que signaler, isolés de loin en loin, des témoins plus explicites ou plus clairvoyants que leurs entours. Pour n'être pas spontanée au point d'en devenir incohérente, la révélation reste primesautière ; elle peut se passer de notre logique et de notre chronologie ».

([381]) Voir M. Dahood, *PNWSP* ; *Psalms I* et *Psalms II* Subjects Index s.v. « immortality », « afterlife », « resurrection ».

Dans cette ligne il convient de porter plus d'attention à une nuance que peut prendre le verbe *dāḥâ* du premier stique de Prov 14,32. En Ps 56,14 *deḥî* est employé en parallélisme avec *māwet* (royaume de la mort) et a la signification de « Shéol » (382). Le verbe *dāḥâ* signifie « pousser, renverser » mais il a plusieurs fois la nuance « jeter dans le Shéol ; enfer-er ! » v.g. Ps 5,11 ; 35,5 ; 36,13 :

šām nāpᵉlû pōʿălê 'āwen
dōḥû wᵉlō'-yakᵉlû qûm
Vois comment les malfaiteurs tomberont,
Jetés (dans le Shéol) ils ne pourront plus surgir.

(l'espoir d'une nouvelle vie n'existe pas pour les malfaiteurs ; cf. Ps 140,11).

Jr 23,12 : *bā'ăpēlâ yiddaḥû wᵉnāpᵉlû bāh* : « Ils seront jetés dans les ténèbres et ils y tomberont ».

Dès lors le parallélisme des deux stiques de Prov 14,32 rend l'explication relative à une survie plus acceptable.

Prov 14,35

rᵉṣôn-melek lᵉʿebed maśkîl
wᵉʿebrātô tihyeh mēbîš
La complaisance du roi sera pour un serviteur avisé,
Mais sa fureur sera pour celui qui fait honte.

Dans ce verset nous avons un exemple d'ellipse (383) combiné avec un phénomène de Ballast Variant (384) : le verbe *tihyeh* du deuxième stique est sous-entendu dans le premier, tandis que certainement la préposition — et vraisemblablement toute l'expression *lᵉʿebed* — exerce son influence sur le dernier mot *mēbîš*. Pour « compenser » le manque de verbe dans le premier stique, on a comme objet de la complaisance royale une expression deux fois plus longue que son opposé du deuxième stique.

Van der Ploeg (385) donne une explication compliquée du deuxième stique qu'il estime « grammaticalement difficile à comprendre », mais

(382) *Psalms II* 48.
(383) Voir Prov 5,16.
(384) Cf. Prov 6,5.
(385) *Spreuken* 55.

il propose ensuite une version tout à fait traditionelle et sans rapport avec son explication ! (386)

Prov 15,6a

bêt ṣaddîq ḥōsen rāb
Dans la maison du juste il y a grande richesse.

Il est assez déroutant de voir A. Barucq (387) proposer, au nom des Targums et de la LXX, la correction de TM *bêt* en *b^ebêt*. Alors qu'il cite souvent M. Dahood, *PNWSP* il aurait dû reconnaître l'inutilité de cette « correction » : une série d'exemples ougaritiques, phéniciens et hébreux (388) se présente où la préposition *b^e* est omise devant *bêt* en état construit. D'ailleurs, si on accepte, à l'encontre de Barucq, la suggestion de Dahood *t^ebû'â* = « entrée, hall », on peut considérer le beth de *bitbû'at* comme une préposition exerçant son influence dans le premier stique sur la parole parallèle par le principe d'ellipse (389).

Prov 15,15

kol-y^emê ʿonî rāʿîm
w^eṭôb-lēb mišteh tāmîd

A propos de Prov 6,5 nous avons discuté le phénomène stylistique du « Ballast Variant » et à propos de Prov 5,16 celui de l'ellipse. Si on explique ce verset par ces deux phénomènes, la correction de *ṭôb-lēb* en *l^eṭôb-lēb* perd beaucoup de son interêt.

Tous les jours du misérable sont tristes,
Mais ceux de l'homme au cœur joyeux sont un banquet perpétuel.

---

(386) Autre version, donnée par la LXX, et suivie par Gemser, Ringgren, Oesterley (?) : « Mais sa fureur tue celui qui fait honte ». Ils changent *tihyeh* en *tahărōg* ; mais comme l'a fait remarquer M. Dahood dans une communication privée, une telle correction devient superflue si on vocalise piel avec le sens privatif. Pour le piel privatif, voir ce que dit cet auteur à propos de Ps 52,7 : *Psalms II* 14s.

(387) *Proverbes* 132.

(388) *PNWSP* 33 ; cf. aussi la note Prov 2,18s.

(389) Pour ce phénomène stylistique voir Prov 5,16.

kol-y^emê du premier stique doit être sousentendu aussi dans le deuxième stique par le principe d'ellipse [390]. L'absence de cet élément dans le deuxième stique est contrebalancé par *mišteh tāmîd*, plus long que *rāʿîm*. Le Livre d'Ester, ce livre de fête par excellence, parle beaucoup du *yôm mišteh*, mais aussi d'un banquet qui se prolongerait pendant plusieurs jours : deux jours en 9,22 ; sept jours en 1,5 et même cent quatre-vingts en 1,4 !

On retrouve la nuance de *ṭôb* « joyeux » dans un texte ougaritique [391], encore inédit mais cité par C. H. Gordon *UT* Glossary 1274, où à côté d'instruments de musique et de danseurs, on parle de *ḥbr kṯr ṭbm* : « les joyeux compagnons de Kothar ».

Prov 15,20

bēn ḥākām y^eśammaḥ-'āb
ûk^esîl 'ādām bôzeh 'immô
Un fils sage réjouit son père
Mais celui qui déshonore sa mère est le plus insensé des hommes.

Comme en Prov 10,1 le suffixe de *'immô* exerce son influence sur *'āb* selon le principe d'ellipse. Il n'est donc pas nécessaire de changer *'āb* en *'ābiw* ou de traduire tout simplement « le père » comme p.e. Frankenberg, Toy et Gemser.

A. Sperber [392] a signalé une cinquantaine de formes qal ayant la signification causative, ordinairement attribuée au hiphil, parmi lesquelles le terme *bôzeh* du verset étudié ici.

Dans le deuxième stique nous trouvons l'expression singulière *k^esîl 'ādām* — changé par la LXX et plusieurs manuscrits en *ben-k^esîl* comme en Prov 10,1. M. Dahood [393] a signalé cette expression et plusieurs autres du même genre — Ps 22,7 ; 48,3 ; 99,4 ; Is 53,3 —

---

(390) Dans sa discussion de l'ellipse du suffixe pronominal en *JEOL* 17 (1963) 202-206, Chr. Brekelmans cite un cas semblable d'ellipse du substantif (203 n. 4) : Ps 22,11 : *ʿālèkā hošlaktî mērāḥem mibbeṭen 'immî 'ēlî 'āttâ* : « Sur toi je fus jeté au sortir du sein (sc. de ma mère), dès le ventre de ma mère tu fus mon Dieu ». Cf. maintenant M. Dahood, *Psalms II* 38 qui corrige sa version du premier stique de ce verset (*Psalms I* 136) et propose : « Par toi j'ai été nourri dès ma naissance ».

(391) RŠ 24.352.

(392) *A Historical Grammar of Biblical Hebrew* (Leiden 1966) 663 ; 6-10.

(393) *Psalms I* 289.

et proposé de les considérer comme une sorte de superlatif : « le plus insensé des hommes » (*'ādām* est collectif).

Prov 15,24

'ōraḥ ḥayyîm l^{e}ma'lâ l^{e}maśkîl
l^{e}ma'an sûr miššᵉ'ôl māṭṭâ
Il y a un sentier de vie, vers le haut, pour le sage
Afin qu'il s'éloigne du Shéol, vers le bas.

Certains auteurs (394) ont proposé *l^{e}maṭṭâ* au lieu de TM *māṭṭâ*. En fait, même si l'on estime qu'une telle lecture est nécessaire, ce qui n'est pas évident, elle n'impose pas un changement du TM, puisque le lamed de *l^{e}ma'lâ* peut fournir la préposition désirée, selon l'usage poétique de l'ellipse (395). L'emploi, en parallélisme, de *l^{e}ma'lâ* et *l^{e}maṭṭâ* se trouve déjà, non seulement en Qo 3,21 — verset le plus proche de Prov 15,24 —, mais aussi dans l'inscription de 'Ešmun'azar (396).

Qo 3,21 *mî yôdēa' rûaḥ b^{e}nê hā'ādām hā'ōlâ hî' l^{e}mā'lâ*
w^{e}rûaḥ habb^{e}hēmâ hayyōredet hî' l^{e}maṭṭâ lā'āreṣ
Qui sait si le souffle des fils d'homme monte vers le haut,
Et si le souffle des bêtes descend en bas vers la terre (le gouffre ?) (397)

KAI 14,11s : *'l ykn lm šrš lmṭ wpr lm'l wt'r bḥym tḥt šmš*
Qu'ils ne possèdent pas une racine en bas ou un fruit en haut ou un renom parmi les vivants sous le soleil.

Presque tous les commentateurs remarquent que la terminologie de ce verset implique, d'une manière ou d'une autre, la croyance à une survie : c'est-à-dire une possibilité autre que l'existence dans le Shéol. C'est pourquoi, et afin d'éviter cela, on suit généralement la LXX et

(394) Ainsi Gesenius–Buhl ; BH^{3}.

(395) Cf. Prov 5,16. Dans une communication privée M. Dahood proposait une autre solution : *miššᵉ'ôl māṭṭâ* pourrait être un cas de « single writing of double consonant » : deux consonnes identiques qui se suivent sont quelquefois écrites comme une seule. Cf. *Psalms II* 81 (bibliographie). Par l'application de ce principe on obtiendrait dans ce verset Prov 15,24 un équilibre métrique de 10 + 10 syllabes.

(396) *KAI* 14.

(397) Pour cette signification de *'ereṣ* voir Prov 1,12 et note 14.

on considère les mots *lᵉmaʿlâ* et *māṭṭâ* comme des gloses (398). Selon Oesterley (399) : « As this verse stands it is difficult to get away from the impression that ' upward ' and ' beneath ' imply a somewhat advanced conception of the hereafter ; but *Proverbs*, and especially this earlier collection, nowhere contains a developed conception of this kind ; hence the efforts of commentators to explain away what these expressions seem to imply. The probability, however, is that these two words do not belong to the original text, but were added later when more developed ideas regarding the future life had arisen. The two lines are each quite long enough without these words, which do not occur in the Sept.» A. Barucq (400) est plus positif quand il explique le terme « chemin de vie» : « Pour les sages, la vie, le « chemin de vie» évoque sans doute une réalité plus ample que l'état d'existence terrestre. Le terme est courant chez les sages égyptiens dans le sens d'une vie morale, et même d'une vie spirituelle comportant l'union avec Dieu. Si le sage ignore ce que pourra être une telle vie après la mort, il laisse percer l'espoir que, parce que spirituelle, cette vie lui sera encore concédée de quelque manière, hors de l'emprise du Shéol et de la mort». Pour le moment on peut seulement dire que si l'on disposait de quelques autres versets où la doctrine sur la résurrection et l'immortalité fût affirmée clairement, c'est en ce sens que ce passage trouverait son explication la plus naturelle ; celle-ci serait alors préférable aux tentatives que font encore ceux qui s'opposent à toute affirmation d'une foi en une survie heureuse avant Daniel.

Dans ce cas *maśkîl* ne désignerait probablement pas seulement l'homme intelligent, mais, selon l'expression de Ps 14,2 *dōrēš 'et-'ĕlōhîm* « quelqu'un qui cherche Dieu» (401).

---

(398) La LXX traduit plusieurs versets du Livre des Proverbes de façon à éliminer les allusions possibles à une survie. Un des cas les plus clairs est la version de Prov 14,32. On pourrait donc se demander si ces traducteurs ne l'ont pas fait à dessein : ils ne croyaient pas à une survie. Ils appartenaient davantage au courant qui nous est connu par l'Ecclesiastique qu'à celui qui a composé Daniel, la Sagesse et 2 Maccabées.

(399) *Proverbs* 123 ; cf. Toy, *Proverbs* 314.

(400) *Proverbes* 111.

(401) Cf. Frankenberg, *Sprüche* 94.

Prov 15,30

'ôr (TM : *m^{e}'ôr*)-*'ênayim y^{e}śammaḥ-lēb*
š^{e}mû'â ṭôbâ t^{e}daššen-'āṣem
La lumière des yeux réjouit le cœur ;
Une bonne nouvelle engraisse les os.

m^{e}'ôr-'ênayim : c'est seulement ici et en Ps 90,8 que le terme *m^{e}'ôr* serait employé en un sens inhabituel. Normalement il signifie « corps céleste (soleil, lune) qui illumine ; chandelier du Tabernacle». Lorsque, dans la Bible, il s'agit de la lumière des yeux ou de la face, on trouve toujours *'ôr*. Mais il est fort possible que le *mem* de *m^{e}'ôr* ne soit en fait qu'un mem-enclitique de *yiśmā'* du verset précédent. Dans ce cas le premier mot du verset serait simplement *'ôr*, et on éviterait un sens inhabituel de *m^{e}'ôr*. La correction proposée par D. Winton Thomas ([402]) *mor'ēh-'ênayim* « what is seen (and enjoyed) by the eyes» est intéressante. Le parallélisme avec *š^{e}mû'â ṭôbâ* du deuxième stique devient très étroit, mais une telle correction du texte consonantique ne saurait être conseillée.

On pourra comparer *š^{e}mû'â ṭôbâ* dans ce verset et en Prov 25,25 avec *šm't ṭb* du quatrième ostrakon de Lakish ([403]) et *šm't šlm* d'ostrakon 2, 3 et 9 ([404]).

Quant aux quelques dictionnaires et commentateurs qui ne changent pas *m^{e}'ôr* en *'ôr*, ils font appel à Ps 90,8. Mais c'est également le mot *'ôr* qu'il faudrait sans doute y lire et non pas *m^{e}'ôr* :

šattā 'ăwōnōtênû l^{e}negdekā
'ălumēnû lim^{e}'ôr pānèkā

lim^{e}'ôr pānèkā : serait mieux vocalisé *l^{e}mō'ôr* : la préposition n'est pas *l^{e}* mais *l^{e}mō*, forme longue, comme *b^{e}mō* et *b^{e}* ; *k^{e}mō* et *k^{e}*. La séquence préposition brève — préposition longue, que l'on rencontre ici est particulièment fréquente dans la légende de Keret ([405]), p.e. 101-103 : *yb'r ltn aṯth lm nkr mddth* : « Qu'il emmène sa femme chez un autre, sa chérie chez un étranger». On peut donc garder le texte consonantique et traduire :

([402]) *WIANE* 287.
([403]) *KAI* 194,2. La même expression figure aussi en ostrakon 8.
([404]) *KAI* 192,2 ; 193,3 ; 197,2.
([405]) Cf. *UHP* 27.

Tu as mis nos fautes devant Toi,
Nos péchés cachés ([406]) dans la lumière de ta face.

Prov 16,13

r^{e}ṣôn malkî-m (TM *m^{e}lākîm*) *śiptê-ṣedeq*
w^{e}dōbēr y^{e}šārîm ye'ĕhāb

Dans ce verset, le verbe *ye'ĕhāb*, au singulier, correspond mal au sujet *m^{e}lākîm*, au pluriel, du premier stique. « Solche Unregelmässigkeiten der Überlieferung werden schwerlich ursprünglich sein, wenn sich auch die Grammatik bemüht sie in Regeln zu fassen» ([407]). La plupart des commentaires harmonisent ([408]), en lisant avec la Septante *melek*, ce qui correspond bien au contexte (le singulier est employé trois fois dans cette section sur le roi, vv. 10 ; 14 et 15, contre une fois *m^{e}lākîm* au v. 12). Toutefois, en tenant compte des cas de *scriptio defectiva* dans le Livre des Proverbes on pourrait éliminer la difficulté en vocalisant *ye'ĕhābu* comme p.e. *yō'k^{e}lu* en 18,21.

Mais une autre éventualité reste possible : ne peut-on penser que le texte original disait *r^{e}ṣôn mlk-m* et que les Massorètes, ignorant, comme on l'a vu ([409]), le mem-enclitique, l'auraient vocalisé au pluriel? Il est actuellement difficile de déterminer les normes, s'il y a eu des normes, qui guidèrent l'emploi du mem-enclitique. Dans la légende de Keret p.e. on trouve deux versets identiques, dont l'un utilise ce mem et pas l'autre :

125,10 :	125,20s
[k]rt bnm il	*bn il krt*

« Keret fils d'El ([410])».

Au cours d'une conférence présentée aux Journées Bibliques de Louvain — Août 1967 ([411]) — M. Dahood a expliqué la forme *mlkym* comme un génitif en -i *malkî*, suivi du mem-enclitique, ce qui paraît con-

([406]) « Nos péchés cachés» ou peut-être avec Targum « les péchés de notre jeunesse», cf. M. Dahood, *Psalms II* 325.

([407]) Frankenberg, *Sprüche* 98.

([408]) Par ex. Van der Ploeg ; Gemser ; Pléiade ; Barucq ; BJ ; BH^3.

([409]) Le mem-enclitique a été traité à propos de Prov 4,1.

([410]) Cf. Prov 22,21 : *'imrê 'ĕmet // 'imrê-m* (TM *'ămārîm*) *'ĕmet.*

([411]) Le texte, déjà paru dans *Ephemerides Theologicae Lovanienses* 44 (1968) 35-54, spéc. 40, sera publié égalment dans *Festschrift Mgr J. Coppens I.*

vainquant ([412]). Mais quand le même auteur propose pour le deuxième stique la lecture *w^{e}dibrê y^{e}šārî-m ye'^{e}hāb*, sa solution, bien que possible, ne semble pas s'imposer ([413]). En effet, à côté d'expressions telles que *dibrê r^{e}šāʿîm* (12,6) et *dibrê ḥăkāmîm* (22,17) on trouve aussi *dōbēr mēšārîm* (Is 33,15) ; *dōbēr š^{e}qārîm* (Ps 101,7) et surtout, en Am 5,10 : « Ils (= les méchants) détestent, à la Porte, le défenseur du droit et abhorrent celui qui parle sincèrement (*dōbēr tāmîm*) ». Ce dernier verset est un bon parallèle de Prov 16,13 : loin de détester l'homme droit, comme le font les méchants, le roi idéal, pour sa part, lui accorde sa faveur ([414]). On pourrait donc traduire :

Des lèvres véridiques ont la faveur du roi,
Et il aime celui qui parle droit.

Noter le chiasme ([415]) de ce verset : a + b // b' + a'.

Prov 16,17b

šōmēr napšô nōṣēr darkô
Qui surveille son chemin garde son âme.

Les verbes *nāṣar* et *šāmar* se trouvent fréquemment en parallélisme dans le Livre des Proverbes (p.e. 2,11 ; 4,6 ; 13,3 ; 27,18). Il en est de même dans les inscriptions sémitiques de l'Ouest (*RES* 19 ; 20 ; 1591 ; 1592). « Garder, protéger quelqu'un » est toujours, dans ces inscriptions, une action divine, ce qui précisément se retrouve dans beaucoup d'exemples de l'Ancien Testament, cf. Ps 12,8 :

'attâ – YHWH tišm^{e}rēm
tiṣṣ^{e}rennû min-haddôr zû l^{e}ʿôlām
Toi, o Jahweh, nous a protégés,
Tu as veillé sur nous de l'éternité, o Perpétuel ([416]).

([412]) A la même occasion M. Dahood proposait quelques autres cas de ce génitif en -i : Prov 24,17 ; 26,23 et Ps 138,6.

([413]) Le *yod* final de *w^{e}dibrê* serait justifié, dans cette hypothèse, par le phénomène traité en *Psalms II* 81 : lorsque deux consonnes identiques se suivent, il est parfois arrivé que l'une disparaisse. Cette lettre proviendrait donc ici de *y^{e}šari-m* (cf. note 395) [p. 117].

([414]) De plus, un examen des parallèles de *śiptê–* ... déconseille la revocalisation proposée par M. Dahood.

([415]) La version française le redonne d'ailleurs, mais en ordre inverse.

([416]) Pour un commentaire philologique de ce verset, voir M. Dahood, *Psalms I* 75.

En Prov 24,12 nous trouvons *tōkēn libbôt* // *nōṣēr napšᶜkā*, deux épithètes divines ; mais dans le même Livre des Proverbes apparaît aussi un stade intermédiaire entre l'activité divine « garder quelqu'un » et un sens profane « se garder soi-même » ; ainsi, en particulier, dans les versets où l'on affirme que la sagesse et la science doivent protéger le jeune homme.

Il n'est pas sans interêt de citer ici la conclusion d'une lettre du roi d'Ougarit au Pharaon d'Égypte, où revient la même formule *nǵr npš* (417).

Texte 1018,21-24 : *l pn amn w l pn*
il mṣrm dt tǵrn
npš špš mlk
rb bʿly
Devant Amon et devant les dieux des Égyptiens qui protègent l'âme du Soleil (418) le grand roi, mon maître (419).

Il faut donc reconnaître, en certains cas, un sens spécial du verbe *nāṣar.* Ces remarques par ailleurs viennent mettre en doute la correction de Jb 7,20 proposée par BH³ : *mâ 'epʿal lāk nōṣēr hā'ādām* : « Que te fais-je, o Gardien des hommes ? » (420)

(417) Comparer les autres vœux épistolaires : *ilm tǵrk* : 95,7s ; 117,7s ; 1013, 6s ; 1016,5s ; 1019,2s. — *ily ugrt tǵrk* : 1015,4s.

(418) Dans la correspondance diplomatique d'Ougarit *špš* « Soleil » est le titre donné au Pharaon d'Egypte et au Grand-Roi Hittite, tandis que les lettres d'El Amarna emploient *šamšu* pour désigner le Pharaon. La terminologie diplomatique a fourni à la poésie hébraïque plusieurs des titres de Jahweh p.e. *māgān* « Souverain » (voir la discussion Prov 2,7s) et *šemeš* : cf. Ps 84,12a : *kî šemeš ûmāgān* (TM *ûmāgēn*) *YHWH 'ĕlōhîm ḥēn wᵉkābôd yittēn* : « Vraiment, Soleil et Souverain est Jahweh Dieu, / Qui régale de faveurs et d'honneurs ».

(419) Dans une publication récente (« Mögen die Götter dich behüten und unversehrt bewahren », dans *Festschrift Walter Baumgartner* ; VTS 16 [1967] 102-105) B. Hartmann défend l'opinion selon laquelle la formule *tǵrk* de ces lettres ne provient pas de la racine *nǵr* = hébr. *nāṣar* mais d'une racine *ǵyr*. Tout en reconnaissant que l'ougaritique a une racine *nǵr* = protéger, il pense que l'explication de Jb 8,6 ; Dt 32,11 et Ml 2,12 exige une racine *ʿîr* qui serait identique à la racine *ǵyr* des formules de conclusion des lettres ougaritiques.

(420) BH³ : l frt c ɕ *yōṣēr* et ins (cf. G + *ton noun*) *lēb.*

Prov 16,29

'îš ḥāmās yᵉpatteh rēʿēhû
wᵉhôlîkô bᵉderek lōʾ-ṭôb
L'homme de violence séduit son prochain
Et le fait aller sur le chemin du crime.

derek lōʾ-ṭôb : presque tous les commentateurs s'accordent pour affirmer qu'il ne s'agit pas simplement d'« indiquer une fausse route » mais plutôt de « suborner pour faire quelque chose de criminel » (421). Il est donc probable que *derek lōʾ-ṭôb* ne signifie pas « un chemin qui n'est pas bon », mais « chemin du crime ». Dans ce cas *lōʾ-ṭôb* est un nom composé, exactement comme en Ps 36,5 où *derek lōʾ-ṭôb* est mis en parallèle avec *'āwen* et *rāʿ* :

Il médite le méfait sur sa couche,
Il se tient sur le chemin du crime,
Il ne réprouve pas le mal ».

A propos des noms composés D. Winton Thomas écrivait en 1962(422) : « The prevailing view is that compound nouns are very rare in Hebrew except in proper names. It would seem, however, that the time has come to reexamine the whole question. » Si l'on examine les grammaires récentes de l'Hébreu biblique, on ne trouve presque rien sur ces noms composés (423). Pourtant, au siècle dernier, Julius Olshausen (424) avait déjà attiré l'attention sur toute une liste de noms composés avec les particules de négation *lōʾ* ; *bᵉlî* et *'al*. Les exemples cités par Olshausen dans le Livre des Proverbes sont : 12,28 *'al-māwet* (Nicht-Tod d.h. Unsterblichkeit) ; 30,25 *ʿam lōʾ-ʿāz* (ein unkräftiges Volk) 30,31 *'alqûm* (Nicht-Widerstand d.h. Widerstandslosigkeit). M. Dahood y a ajouté récemment (425) : 2,18 *'al-māwet* (immortalité) (426)

(421) Prov 1,10-19 montre bien les conséquences possibles de l'acte indiqué par *pātâ* « séduire », tandis que Ps 140 est une bonne illustration de l'œuvre d'un *'îš ḥāmās*. Cf. S. Marrow, « *Ḥāmās* in Jer 20,8 », *VD* 43 (1965) 241-255.

(422) *JSS* 7 (1962) 199s.

(423) Cf. par ex. Gesenius–Kautzsch, *Grammatik* § 81s ; Joüon, *Grammaire* § 77e.

(424) *Lehrbuch der hebräischen Sprache* (Braunschweig 1861) § 225c.

(425) *UHP* 18s.

(426) Pour *'al-māwet* en Prov 12,28 voir M. Dahood, « Immortality in Proverbs 12,28 », *Biblica* 41 (1960) 176-181.

15,7 *lō'-kēn* (injustice) et surtout 20,23 : *tô'ăbat YHWH 'eben wā'āben ûm'ōzenê mirmâ lō'-ṭôb* : « Des poids différents sont une abomination pour Jahweh, et des balances fausses sont un crime » ([427]).

Dans la suite on traitera comme noms composés : 17,26 *lō'-ṭôb* et *'al-yōšer* ; 18,10 *migdal-'ōz.*

Prov 16,33

baḥêq yûṭal 'et-haggôrāl
ûmēYHWH kol-mišpāṭô

Il convient de s'attacher ici à un examen de la racine *ṭûl* et de son emploi ; une correction pourrait être ainsi apportée à la plupart des versions. En dehors de ce verset, le verbe *ṭûl* apparaît 15 fois dans la Bible, et toujours avec le sens de « projeter, lancer ». Si une préposition l'accompagne : « projeter, lancer vers », il s'agit toujours de *'al* (1 S 20,33 ; Ez 32,4 ; Jr 16,13 ; 22,26) ou *'el* (Jon 1,4.5.12.15). Dès lors il est peu probable qu'il soit ici question de jeter les sorts *dans* le pli du vêtement. Vu la signification ordinaire du verbe, il ne faudrait donc pas traduire : « on jette les sorts dans la poche » (Pléiade) ; « Im Bausche schüttelt man das Los » (Gemser) ; « A lot is cast in the lap » (Scott) ; « Het lot is geworpen in de schoot » (van der Ploeg) ; etc. Jr 16,13 est très net à ce sujet : *wehēṭaltî 'etkem mē'al hā'āreṣ hazzō't 'al-hā'āreṣ 'ăšer lō' yeda'tem* : « Et je vous projetterai de ce pays vers un pays que vous ne connaissez pas ». D'autre part le sens de *be* = « de, de la part de » ayant été signalé à plusieurs reprises, il devient difficile d'accepter la version de A. Barucq : « On jette les sorts *avec* le pan du vêtement » ; il vaudrait mieux traduire, avec R. de Vaux ([428]), « c'est *de* la poche qu'on tire le sort ». On pourrait donc proposer la version suivante :

C'est du pli du vêtement que les sorts sont lancés,
Mais c'est de Jahweh que vient toute leur destinée ([429]).

([427]) *lō'-ṭôb* n'est pas un adjectif, puisque la syntaxe demanderait le pluriel *lō'-ṭôbîm.*

([428]) *Les Institutions de l'Ancien Testament* II (Paris 1960) 203.

([429]) Dans un texte ougaritique inédit, RŠ 24.274, dont C. H. Gordon *UT* Glossary 2727 donne le début, on trouve également la parole *mṯpṭ* en relation avec le sort : *w ymǵy adn ilm rbm 'm dtn w yšal mṯpṭ yld* : « Et le Seigneur des Grands Dieux vient chez DTN et interroge sur le destin de l'enfant ».

yûṭal 'et-haggôrāl : il a été noté, à propos de 5,22, *'ăwônôtāyw yillākēdannô 'et-hārāšā'* : « Dans ses propres méfaits est pris le méchant » que le sujet d'un verbe passif peut être précédé en Hébreu de la *nota accusativi*. Le même usage se trouve ici.

Le sens exact de *ṭûl* permet probablement aussi de préciser la version de Ps 37,24 donnée par M. Dahood :

> *kî yippōl lō' yûṭāl kî YHWH sômēk yādô* :
> If he should charge, he will not be pitched headlong
> For Yahweh holds fast his hand (430).

Dans cette métaphore de l'attaque militaire on pourrait traduire *ṭûl* « rejeter » :

> S'il attaquait il ne serait pas rejeté,
> Car Jahweh le tient par la main.

Et en Jb 41,1 la même traduction de *ṭûl* permet de lire :

> *hēn-tōḥaltô nikzābâ hăgam 'el-mērō'îw* (TM *'el-mar'āyw*) *yuṭāl* : « Voilà tout espoir est vain : El lui-même n'est-il pas rejeté loin de son regard ? (431) »

N.B. *mērō'îw* < *min rō'îw*.

Prov 17,26

> *gam 'ănôš laṣṣaddîq lō'-ṭôb*
> *l^{e}hakkôt n^{e}dîdîm 'al-yōšer*
> Punir d'amende l'innocent est vraiment un crime,
> Frapper les gens honorables une injustice.

Un examen du verbe *'ānaš* montre que ce verbe n'a jamais d'objet précédé d'une préposition (432). Si on veut traduire « punir d'amende l'innocent », on est presque obligé de supprimer la préposition, ce que

(430) *Psalms I* 226.

(431) Sur les aspects mythologiques de ce verset, voir S. R. Driver and G. B. Gray, *A Critical and Exegetical Commentary on the Book of Job together with a New Translation II* (ICC ; Edinburgh 1950²) 335ss et M. Pope, *Job* 282s.

(432) Cf. Toy, *Proverbs* 353 : « The lamed before *ṣaddîq* is improbable, since *'ānaš* is elsewhere followed by noun without Prep. (see 21,11) ; we should perhaps read *la'ănōš* (see the lamed in b) ; the insertion of the Prep. before the noun may be error of eye, or may be due to an Aramaic-speaking scribe ».

font la plupart des commentateurs. L'argument a une certaine valeur et il semble bien infirmer le raisonnement de M. Dahood ([433]) qui rapproche *'ānaš lᵉ* de *ḥābal lᵉ* et *lāqaḥ lᵉ* et traduit « to exact a fine from ». En effet si *ḥābal* et *lāqaḥ* se construisent souvent avec une préposition ce n'est pas le cas pour *'ānaš*.

En définitive, et plutôt que de supprimer ce lamed, il vaudra mieux y voir cette particule emphatique dont on a déjà reconnu l'importance à propos de Prov 8,3.

Dans la discussion de 16,29 on a vu que la fréquence des noms composés est probablement plus grande que ne le disent les grammaires. Le parallélisme entre les deux verbes et les deux objets suggère un autre parallélisme entre *lō'-ṭôb* et *'al-yōšer* (cf. la LXX : *ou kalon* ... *oude 'osion*). Le reconnaître permet d'éviter des versions indéfendables comme celles d'Oesterley et de Gispen ([434]). Si les deux expressions sont des noms composés, il n'est pas nécessaire de revocaliser ***yāšār*** : *'al-yōšer* = contre-équité : iniquité ([435]).

Prov 18,4

mayim 'ămuqqîm dibrê pî-'îš
naḥal nōbēa' mᵉqôr ḥokmâ

Ceux qui ne changent pas le TM traduisent ce verset :

> Les paroles de la bouche d'un homme sont eaux profondes,
> Torrent débordant, source de sagesse.

De nombreuses difficultés rendent cette version assez problématique. Toy ([436]) en énumère plusieurs : selon la doctrine du Livre des Proverbes l'idée que les paroles de qui que ce soit pourraient être source de sagesse est absolument inacceptable ; l'emploi métaphorique

---

([433]) VTS 16 (1967) 41s.

([434]) Oesterley, *Proverbs* 144 : « Also to punish the righteous is not good, Nor to smite the noble for their uprightness ». (Il propose toutefois en note, pour les deux derniers mots, la correction *bal yāšār* : « is not seemly »). Gispen, *Spreuken II* 46 : « Het beboeten ook van een rechtvaardige is niet goed, om edelen te slaan wegens wat recht is ».

([435]) M. Dahood, *Psalms II* 350 donne un autre exemple d'un nom composé avec *'al* : *'ǎle-ḥōq* (Ps 94,20) : « contre-ordre : désordre ». Comparer avec les « noms composés » français dont l'un des éléments est une préposition : contradiction, contresens, etc.

([436]) *Proverbs* 356s.

du terme *māqôr* n'est possible qu'accompagné d'un nom tel que « vie ».

Aussi les changements le plus souvent proposés sont-ils : le remplacement de l'expression très générale *pî-'îš* par *ḥākām* et celui de *ḥokmâ* du deuxième stique par *ḥayyîm.*

La Bible de la Pléiade ouvre la voie à une solution meilleure quand elle traduit :

> Lès paroles de la bouche d'un homme sont une eau profonde,
> La source de sagesse est un torrent qui se déverse.

Ici, la division en deux phrases est déjà beaucoup plus nette, mais le parallélisme laisse encore à désirer. De plus, l'expression « source de sagesse » reste difficile, de même que l'identification de « source » et « torrent ».

Ces quelques difficultés peuvent trouver une solution si l'on fait de nouveau appel à la racine *qûr* (Oug. : *qr*), déjà rencontrée à propos de Prov 8,3, qui sert à exprimer tel ou tel bruit fait par des animaux ou des hommes : hennir, siffler, parler, etc. On pourrait — parallèlement à *dibrê* — considérer *māqôr* comme substantif (maqtal) de cette racine *qwr*, tout comme *mābô'* dérive de *bô'* et *māqôm* de *qûm.* Le sens se rapprocherait alors de « discours, propos » (437).

māqôr ḥokmâ signifierait « discours de sagesse » ou — *abstractum pro concreto* — « propos d'un sage ».

> Les paroles de la bouche d'un homme sont eaux profondes,
> C'est un torrent débordant que le propos d'un sage.

Prov 18,10

> *migdal-ʿōz šēm YHWH*
> *bô-yārûṣ ṣaddîq wᵉniśgab*
> C'est un donjon que le nom de Jahweh
> Le juste y accourt et est sauvé.

migdal-ʿōz : cette expression très rare (438) est composée de deux termes du langage militaire : *migdal* « tour » et *ʿōz* « forteresse » (439),

(437) A comparer avec la discussion de cette racine dans *Psalms II* 148, à propos de Ps 68,27, où M. Dahood traduit *māqôr* par « assemblée ».

(438) Elle ne se trouve ailleurs qu'en Jg 9,51 et Ps 61,4.

(439) Pour *ʿōz* « forteresse », voir les dictionnaires de Gesenius–Buhl ; Brown–Driver–Briggs et Zorell s.v. et M. Dahood, *Psalms I* 50.

termes qui, selon M. Dahood ([440]) expriment une seule réalité, le « towered fortress, le donjon », l'endroit le plus fort de la citadelle. En Ps 61,4 et ici Jahweh lui-même est appelé le donjon. C'est souvent que l'on parle de Dieu comme d'une forteresse (fréquemment *mā'ôz*) ; l'expression *YHWH mā'ôz ḥayyay* (Ps 27,1 ; cf. Si 51,2), « Jahweh est la forteresse de ma vie », mérite une attention spéciale, puisqu'elle apparaît aussi dans une inscription phénicienne comme titre de la déesse Anat. L'inscription commence par les mots *l'nt m'z ḥym* ([441]) : « A Anat forteresse de la vie ».

migdal-'ōz est un terme très fort ; on pourrait dire la même chose du verbe *śāgab* dont la forme intensive signifie « sauver, protéger » en amenant la personne qui a besoin de protection à une forteresse dans la montagne (*miśgāb*). En Ps 69,30 et 91,14 le verbe est employé pour indiquer le sauvetage au moment de la mort.

Prov 18,21

māwet wᵉḥayyîm bᵉyad-lāšôn
wᵉ'ōhăbèhā yō'kᵉlu (TM *yō'kal*) *piryāh*
La mort et la vie sont au pouvoir de la langue,
Et ceux qui s'y complaisent en mangeront le fruit.

Vu les cas de *scriptio defectiva* en Prov, tels que 3,3 *ya'azbukā* ; 3,21 *yāluzû*, il semble préférable de vocaliser *yō'kᵉlu* plutôt que de changer le texte consonantique avec e.a. A. Barucq et B. Gemser : *wᵉ'ōhăbāh*.

Prov 19,13

hawwōt lᵉ'ābîw bēn kᵉsîl
wᵉdelep ṭōrēd midyᵉnê 'iššâ

Prov 27,15 *delep ṭōrēd bᵉyôm sagrîr*
wᵉ'ēšet midwānîm ništāwâ

delep ṭōrēd : dans toutes les versions modernes ces mots sont rendus par « gouttière qui ne s'arrête pas » ou une expression semblable. On peut cependant envisager une autre traduction. En effet le verbe

([440]) *Psalms II* 85.
([441]) *KAI* 42.

ṭārad signifie « pourchasser, rejeter » en araméen, syrien, accadien, arabe et ougaritique. Ainsi en Dn 4,25.32.33 on trouve *ṭrd* : « rejeter » Nabuchodonosor de la société. En ʿnt,III,43-45 on lit : *imtḫṣ w itrṯ ḫrṣ trd bʿl bmrym ṣpn* : « J'ai lutté et j'ai acquis l'or de celui qui avait pourchassé Baal des sommets du Saphon ». Quant à l'Hébreu biblique, il n'emploie ce verbe qu'ici (442).

delep : sous cette forme substantive, le mot n'apparaît que dans ces deux versets ; sous la forme verbale *dālap* on le retrouve trois fois dans la Bible. On pense généralement qu'il s'agit d'une gouttière qui ne cesse de couler, ou d'un toit qui laisse passer l'eau, ce qui est confirmé par l'usage de l'Hébreu post-biblique, qui emploie *dālap* dans le sens de « goutter ».

Mais l'usage de ce verbe dans la Bible elle-même suggère une autre possibilité, comme le montrent les textes suivants :
Qo 10,18 :

> *baʿăṣaltayim* (443) *yimmak hammᵉqāreh*
> *ûbᵉšipᵉlût yādayim yidlōp habbāyit*
> A cause de la paresse le plancher s'affaisse
> Et à cause de l'indolence (444) la maison s'effondre.

Ce deuxième stique est presque toujours traduit : « Et à cause de l'indolence la maison a des gouttières ». Mais ceci ne tient pas suffisamment compte du parallélisme qui est pourtant confirmé par la description de la lutte entre Yam et Baal dans les mythes d'Ougarit, où l'on rencontre les mêmes verbes. La force de Yam y est décrite dans des termes empruntés à l'architecture (*pnt* ; *tmn*) : *ʿz ym lymk l tnǵṣn pnth l ydlp tmnh* (445) : « Yam se fortifia, il ne s'écroula pas, ses jointures ne chancelèrent pas, sa charpente ne s'effondra pas ». Vu les verbes mis en parallèle (*nǵṣ* et *mkk*), il ne s'agit certainement pas ici de « goutter ». Il faut faire les mêmes remarques à propos du second emploi biblique de *dālap*, en Ps 119,28 :

---

(442) La Septante ne traduit pas 19,13b et, pour 27,15, elle donne : *ekballousin ek tou oikou.*

(443) Ou *baʿaṣlutî-m* : *ʿaṣlūt* + finale du génitif, dépendant de la préposition *bᵉ* et suivi du mem-enclitique.

(444) « indolence » litt.: « affaissement des mains ».

(445) Texte 68,17. Cf. E. A. Speiser, *JCS* 5 (1951) 64.

dālᵉpâ napšî mittûgâ
qayyᵉmēnî kidbārekā
Mon âme s'est effondrée de chagrin
Rélève-moi selon ta parole (446).

Quant au troisième exemple, il se trouve dans le verset très difficile Jb 16,20. Ici *dālap* a la signification approximative de « goutter ; verser des larmes ».

Pour conclure : il est évident que la femme querelleuse est insupportable. On pourrait cependant se demander si, dans ces textes, elle est bien comparée à une gouttière qui coule sans arrêt (447) ou plutôt à un écroulement qui fait fuir les habitants (448).

Prov 19,13 Un fils insensé est une ruine pour son père,
Et les querelles d'une épouse une gouttière qui n'arrête pas.
ou : un écroulement qui fait fuir au dehors.
Prov 27,15 Une gouttière qui n'arrête pas un jour de pluie (?)
ou : un écroulement qui fait fuir au dehors un jour de pluie (?)
Et une épouse querelleuse sont comparables (449)).

Prov 19,16

šōmēr miṣwâ šōmēr napšô
bôzēh dᵉrākāyw yāmût
Celui qui garde son commandement garde sa vie,
Celui qui méprise son autorité mourra.

---

(446) Le parallélisme opposé de *dālap* et *qûm* fait appel à une métaphore empruntée au langage de la (re)construction. Or on supprime à la fois parallélisme et métaphore en traduisant : « mon âme fond en larmes, de chagrin ». Pour ce verset, KB³ hésite entre *dālap I* « goutter, pleurer » et *dālap II* « être inquiet, rester éveillé », ce dernier sens étant proposé par J. C. Greenfield, *HUCA* 29 (1958) 207-210. Au v 25 de ce psaume, même forme d'opposition directe : *dābᵉqâ leʿāpār napšî ḥayyēnî kidbārekā* : « Mon âme est collée à la Poussière (= Shéol), Vivifie-moi selon Ta parole ».

(447) En faveur de cette métaphore on peut citer la quasi-unanimité des versions modernes et le terme *sagrîr*, hapax, qu'on traduit généralement par « averse ».

(448) Cette version semble plus conforme à la signification des racines *dlp* et *ṭrd* et peut-être est-elle confirmée par le terme parallèle en Prov 19,13 *hawwōt* « chute, ruine ».

(449) Pour l'explication de la forme verbale *ništāwâ*, voir *PNWSP* 54.

d^erākāyw : « son autorité» avec M. Dahood (450) et A. Barucq (451). Avant que le P. Dahood eût proposé cette nuance de *derek* (ougaritique *drkt*), on avait souvent corrigé *d^erākāyw* en *dābār*. Le suffixe pronominal était omis, comme étant dû à une dittographie des deux premières lettres de *ywmt* (452).

Le verset parle de la mort et de la vie ; on peut donc bien supposer qu'il s'agit de l'autorité et du commandement de Dieu. Dans ce cas le suffixe de *d^erākāyw* exerce aussi sans doute son influence sur le mot parallèle *miṣwâ*, selon le principe d'ellipse (453).

Prov 19,26a

m^ešadded-'āb yabrîaḥ 'ēm

En 1955 D. Winton Thomas (454) a proposé d'améliorer la version habituelle de ce stique : « Celui qui fait violence à son père et chasse sa mère» (Pléiade). Il adopte la signification « expulser, jeter dehors» du verbe *m^ešadded* et sans qu'il soit nécessaire, à son avis, de le changer en *m^enōdēd*, comme le faisait Grätz ; en effet l'éthiopien connaît un verbe *sadada* employé en ce sens. D'où la version :

Celui qui expulse son père et chasse sa mère.

On peut ajouter que ce verbe, en plus de l'éthiopien, se retrouve sous la forme *šdy* en araméen d'Empire et en palmyrénien (455) : p.e. *pgryn dy mštdn* : « des cadavres qui sont jetés en dehors (sc. de la ville)» (456). Cf. le parallèle grec : *tō*[*n de*] *dia to nekrimaia einai reiptoumenōn*. Peut-être *šādad* doit-il être pris dans le même sens en Jr 9,18.

Prov 20,8

melek yôšēb ʿal-kissē'-dîn
m^ezāreh b^eʿênāyw kol-rāʿ
Un roi siégeant sur le trône de justice
Chasse tout homme méchant de sa présence.

(450) *PNWSP* 40s.
(451) *Proverbes* 156.
(452) Ainsi Frankenberg, *Sprüche* 112.
(453) Voir Prov 5,16 pour la discussion de ce principe.
(454) *WIANE* 289.
(455) Cf. Jean–Hoftijzer, *Dictionnaire* 292.
(456) *CIS* II 3915, II 108.

m^{e}zāreh < *zārâ*. Ce verbe a comme sens premier « dissiper» et ce n'est que secondairement qu'il signifie « vanner». Si la plupart des traducteurs préfèrent pourtant ce deuxième sens, c'est qu'ils ne savent guère comment rendre compte de *b^{e}'ênāyw*. Ils y voient alors l'instrument par lequel le roi « vanne» tout mal.

En fait *b^{e}'ênāyw* signifie quelquefois « de ses yeux, de sa présence» (*b^{e}* avec le sens de *min*), et on peut très bien maintenir le sens premier de *zārâ* « dissiper, chasser» (457). Comparer p.e. Ps 15,4 :

nibzeh b^{e}'ênāyw nim'ās
w^{e}'et-yir'ê YHWH y^{e}kabbēd
L'homme méprisable est rejeté de sa présence,
Mais ceux qui craignent Jahweh sont ses invités.

(On a pu voir, dans la discussion de Prov 1,17, que *b^{e}'ênāyw* y a le sens de « hors des yeux, invisible»).

Prov 20,28

ḥesed we'ĕmet yiṣṣ^{e}rû-melek
w^{e}sā'ad baḥesed kis'ô

La difficulté de ce verset, reconnue comme telle par plusieurs commentateurs, provient du double emploi du terme *ḥesed*. Pour l'éviter certains proposent la correction de *baḥesed* du deuxième stique en *biṣdāqâ*. Cette correction n'est probablement pas nécessaire si l'on considère *ḥesed we'ĕmet* comme désignant deux messagers, envoyés par Dieu, et chargés de protéger le roi. Ainsi il ne s'agirait pas de deux qualités du roi, comme beaucoup le supposent.

Ce thème des deux messagers se trouve assez fréquemment dans les textes poétiques de la Bible, de même que dans les mythes d'Ougarit (458). Le parallèle le plus clair est en Ps 40,12b : *ḥasd^{e}kā wa'ămitkā tāmîd yiṣṣ^{e}rûnî* : « Ta Bénignité et ta Fidélité m'ont toujours protégé» (459). Dans la terminologie de l'Alliance, *ḥesed* désigne la

(457) Cette signification est acceptée par KB^{3} 269a.
(458) Voir la discussion de Prov 3,3a.
(459) Cf. Ps 61,8 où le psalmiste implore pour son roi :
yēšēb 'ôlām lipnê 'ĕlōhîm
ḥesed we'ĕmet mūnū (TM *man*) *yinṣ^{e}rūhû*
Qu'il trône à jamais devant Dieu,
Que la Bénignité et la Fidélité soient désignées pour le protéger.
(Pour la vocalisation *mūnū* cf. M. Dahood, *Psalms II* 88).

bénignité, aussi bien celle qui vient de Dieu que celle qui vient de l'homme. Ici le *ḥesed* de 28b semble être la réponse du roi au *ḥesed* divin de 28a :

> La Bénignité et la Fidélité protègent le roi
> Et celui-ci soutient son trône par sa piété.

Prov 20,29

> *tip'eret baḥûrîm kōḥām*
> *wahădar z^eqēnîm śêbâ*
> Ce qui fait la beauté des jeunes, c'est leur force ;
> Et l'ornement des vieillards, ce sont leurs cheveux blancs.

śêbâ : « leurs cheveux blancs ». Par le principe d'ellipse ([460]), le suffixe pronominal de *kōḥām* exerce aussi son influence dans le deuxième stique sur le mot parallèle *śêbâ.* C'est peut-être en raison de l'équilibre métrique que l'on a omis le suffixe en 29b : 3 + 3 accents ; 8 + 8 syllabes.

Comparer *z^eqēnîm śêbâ* avec *UT* 51,IV-V,66 : *šbt dqnk* : « les cheveux blancs de ta (= El) barbe ».

Prov 21,12

> *maśkîl ṣaddîq l^ebêt rāšā'*
> *m^esallēp r^ešā'îm lārā'*
> Le Juste observe la maison du méchant,
> Et Il précipite les méchants dans le malheur.

« As the Hebr. text stands the subject of the couplet must be God, the *righteous one* ». L'affirmation est de Toy ([461]), mais ajoutant ensuite que ce nom n'est jamais donné à Dieu dans les Prov et ne se retrouve qu'une fois hors de ce livre, en Jb 34,17, il préfère « corriger » le texte, et ce par plusieurs modifications sérieuses.

Or des recherches philologiques plus approfondies, comme p.e. celles de M. Dahood à propos du Livre des Psaumes, ont révélé toute une série de titres divins qui n'étaient plus reconnus comme tels. Ceci remet en cause, et de plus en plus nettement, la valeur de ces « corrections » du texte ([462]).

([460]) Ce principe a été discuté à propos de Prov 5,16.
([461]) *Proverbs* 402.
([462]) Cf. M. Pope, *Job* 224 qui change *ṣaddîq* de Jb 34,17 en *maṣdîq*.

Le Psaume 75 contient d'ailleurs un certain nombre de titres de Jahweh, parmi lesquels se trouve, probablement, au v 11, le vocable *ṣaddîq* « Juste » ([463]).

Quant à cette manière d'agir, décrite en Prov 21,12b, elle doit bien être attribuée à Dieu comme l'affirme clairement le texte assez proche de Prov 22,12 :

ʿênê YHWH nāṣᵉrû dāʿat
wayᵉsallēp dibrê bōgēd
Les yeux de Jahweh protègent l'ami ([464])
Mais Il détruit les affaires de l'impie.

Prov 21,22

ʿîr gibbōrîm ʿālâ ḥākām
wayyōred ʿōz mibṭeḥâ
Le sage attaque une ville de guerriers
Et abat la forteresse en laquelle elle se confiait.

ʿōz : « forteresse ». Voir M. Dahood, *Psalms I* 50, qui donne plusieurs exemples de cet emploi du mot *ʿōz* ([465]).

ʿālâ : « attaquer » ; cette nuance assez rare en hébreu se trouve dans quelques textes sémitiques de l'Ouest : sur le sarcophage d'Ahiram où l'on peut lire ([466]) : *w'l mlk bmlkm wskn bs*[*k*]*nm wtm' mḥnt ʿly gbl* : « Si un roi quelconque, or un gouverneur quelconque ou un commandant attaquait Biblos ... », et dans un texte inédit d'Ougarit (RŠ 24.277) qui contient cette phrase ([467]) : *hm qrt tuḫd* (?) *hm mt yʿl bnš* : « Ou la ville sera prise (?) ou Mort attaquera les hommes ». On voit que, dans ces deux exemples, *ʿly* est construit avec l'accusatif, comme en Prov 21,22 (et en Gn 49,4 et Ps 35,20).

L'idée exprimée ici se retrouve en Qo 9,15 et

([463]) Voir M. Dahood, *Psalms II* 216.

([464]) Pour cette version de *daʿat* cf. W. A. van der Weiden, *VD* 44 (1966) 45, où ce mot est envisagé comme « abstractum pro concreto ».

([465]) Et cf. la discussion de *migdal-ʿōz* en Prov 18,10.

([466]) *KAI* 1,2.

([467]) Cité par C. H. Gordon, *UT* Glossary 773.

Prov 24,5 : *gābar* (TM *geber*) *ḥākām ba'ôz*
we'îš-da'at mē'ammīṣ (TM *me'ammeṣ*) *kōaḥ*
Un sage est plus fort qu'un homme puissant [468]
Et un homme intelligent plus qu'un homme vigoureux et fort.

Prov 22,8

zôrēā' 'awelâ yiqṣôr-'āwen
wešēbeṭ 'ebrātô yklh
Celui qui sème l'injustice récoltera l'affliction,
Car la verge (le jugement?) mesurera sa transgression.

La recherche d'une version acceptable du 2ème stique se heurte à de grandes difficultés [469]. Si l'on pense à une version telle que « Und der Stab seines Hochmutes schwindet her» [470], on doit constater avec Frankenberg [471] : « Aber das neue Bild ist unter allen Umstände sehr störend». Aussi les auteurs proposent-ils des corrections importantes du texte consonantique.

La version française proposée ci-dessus fait appel à d'autres données. Tout d'abord une remarque de M. Dahood qui fournit peut-être la clef de la solution : dans *PNWSP* 56 n. 3, parlant de Prov 28,5, il dit : « The present writer believes that this root (il s'agit de la racine *ky/wl* du Calendrier de Gézer) is also be found in Prov 22,8, but does not see clear to explain the sense of the verse».

Ce Calendrier de Gézer (*KAI* 182) dans lequel deux mois de l'année sont des mois de *zr'* « semailles», connaît aussi un autre mois qualifié de *qṣr wkl* « moisson (du blé) et mesure», selon l'explication de Tur-Sinaï [472]. La même racine *kāla* est utilisée en Arabe dans le sens de « mesurer du blé».

---

[468] Pour le *beth-comparativum* de ce verset, cf. M. Dahood, *Biblica* 44 (1963) 299. Comparer KB³ 101a et R. B. Y. Scott, *Proverbs* 144, note a. : « *gābar ḥākām mē'āz*, with LXX, Syr., Vulg., Targ., for MT *geber ḥākām bā'ōz*, « a man is wise in strength». Cf 21,22. Or *bā'ōz* may preserve the archaic comparative *b*».

[469] D'où la remarque d'Oesterley, *Proverbs* 185 : « It is difficult to get any sense out of the Hebr. as it stands ; the text is evidently corrupt».

[470] F. Delitzsch ; W. Frankenberg.

[471] *Sprüche* 125.

[472] *BJPES* 13 (1946/47) 4s.

Cette explication a été acceptée e.a. par R. de Vaux, *Les Institutions de*

Ceci justifie la traduction donnée plus haut pour *yklh*, d'autant plus que l'on peut alors reconnaître la métaphore sur laquelle s'appuie ce verset : elle provient de l'agriculture et des trois activités auxquelles donnait lieu la culture du blé. Transposées, elles deviennent ici : semer l'injustice — récolter l'affliction — mesurer la transgression.

šebeṭ : ce terme mériterait une place particulière parmi ceux dont les formes dialectales opèrent volontiers le changement de *b* en *p* (473). C'est précisément le jeu de mots entre *šbṭ* et *špṭ* qui donne toute leur valeur à Mi 4,14b et Prov 19,29. Il est donc probable qu'ici aussi, en Prov 22,8, on joue sur les deux significations possibles : d'une part c'est le jugement qui, en définitive, fixe le nombre des coups, et d'autre part ces coups sont donnés par la verge.

ʿebrâ : bien que « transgression » ne soit pas la signification ordinaire de ce mot, le verbe *ʿbr*, lui, est employé très souvent pour décrire la transgression de la loi.

On pourra encore faire avec profit le rapprochement entre le deuxième stique de ce verset et Dt 25,2 : *wᵉhāyâ ʾim-bin hakkôt hārāšāʿ wᵉhippîlô haššôpēṭ wᵉhikkāhû lᵉpānāyw kᵉdê rišʿātô bᵉmispār* : « S'il arrive que le coupable mérite la flagellation, le juge le fera étendre par terre et battre en sa présence du nombre de coups proportionné à sa culpabilité ».

Prov 22,13

ʾāmar ʿāṣēl ʾărî baḥûṣ
bᵉtôk rᵉḥobôt ʾrṣḥ (TM *ʾērāṣēaḥ*)
Le paresseux pense : il y a un lion dehors,
Dans les rues il y a un tueur.

Ce verset est très proche de Prov 26,13 :

ʾāmar ʿāṣēl šaḥal baddārek
ʾărî bên hārᵉḥōbôt
Le paresseux pense : il y a un fauve sur le chemin,
Dans les rues il y a un lion.

l'Ancien Testament I 280 ; F. M. Cross, Jr., *BASOR* 165 (1962) 44 n. 42 ; H. Donner, *KAI* II 182. Cf. l'ostrakon de Yarnev-Yam (*KAI* 200, 3-5) : *qṣr hyh ʿbdk bḥm [h]ywm wyqṣr ʿbdk wykl wʾsm kymm lpny šbt* : « Votre serviteur était en train de moissonner dans la chaleur de la journée. Et votre serviteur a moissonné et, comme chaque jour, il a mesuré et entassé avant de terminer ».

(473) Voir ce qui a été dit à propos de Prov 1,19.

Une comparaison de ces deux versets donne une certaine probabilité à la supposition selon laquelle *'rṣḥ* serait un substantif plutôt qu'une forme verbale. (La Septante a traduit : *phoneutai*). On pourrait penser à un substantif de la racine *rṣḥ* avec aleph-prothétique : « quelqu'un qui massacre (homme ou animal)». Le substantif *reṣaḥ* se trouve très probablement en Ps 42,11 comme nom de la mort, « le Tueur par excellence» *'rṣḥ* pourrait bien être une autre forme — avec aleph-prothétique — du même substantif : noter que l'on rencontre de même le dislegomenon *'ezrôaʿ* à côté du terme fréquent *zᵉrôaʿ*, *'ekep* à côté de *kap* ([474]), *'eben* à côté de *ben* ([475]), *'îšōn* « sommeil» ([476]), *'rṣ* « complaisance» ([477]), etc. ([478]). Il serait bon de reconsidérer cette possibilité avant de changer le texte massorétique, comme le font BH³ et Frankenberg.

Prov 22,20s

hălōʾ kātabtî lᵉkā šālišîm
bᵉmōʿēṣôt wādāʿat
lᵉhôdîʿăkā qōšṭ 'imrê 'ĕmet
lᵉhāšîb 'imrê-m (!) 'ĕmet lᵉšōlḥekā
Voici que j'ai écrit pour toi trente (proverbes)
En fait de conseils et de science ;
Pour que tu puisses transmettre correctement des paroles sûres,
Et rapporter des paroles sûres à celui qui t'a envoyé.

šālišîm : après la découverte de l'affinité étroite qui existe entre cette partie de Prov et la Sagesse d'Amenopé, une collection de trente chapîtres, il vaut mieux suivre le Qéré et lire : « trente» plutôt que le Kethib *šilšôm*.

hălōʾ : il ne s'agit pas ici d'une question, mais *hălōʾ* introduit — comme p.e. en Prov 8,1 — une exclamation : les trois versets précédents ont fait un appel à l'attention de l'élève ; maintenant le sage

---

([474]) Voir M. Dahood, *Biblica* 44 (1963) 293.

([475]) A. S. van der Woude, « Wat is de betekenis van *'ABNAYÎM* in Exodus 1,16?», *NedTTs* 20 (1965s) 249-252.

([476]) *PNWSP* 14s.

([477]) *NWSPJ* 72.

([478]) Pour d'autres noms avec aleph prothétique, voir Bauer–Leander, *Historische Grammatik* 486s.

montre la nécessité de cette attention : voici que j'ai noté trente proverbes. Ces proverbes vont suivre ([479]).

'imrê 'ĕmet
'imrê-m 'ĕmet

On trouve ici un exemple des plus clairs d'un mem-enclitique dans une *catena constructa* ([480]). On voit difficilement la raison qui a amené l'auteur à employer ce mem dans le deuxième stique ; c'est pourquoi il ne semble pas nécessaire de supposer partout des raisons très spéciales pour l'emploi de ce mem ([481]), bien que l'on ne puisse pas non plus le considérer comme le « deus ex machina » pour toutes les difficultés ([482]).

l*ᵉ*šōlḥekā : M. Bogaert ([483]) a proposé de considérer le suffixe ***-kā*** comme suffixe pronominal datival. Toutefois, une autre solution est possible : si la métaphore de 21b est clairement celle du messager (***l*ᵉ*hāšîb*** ; ***l*ᵉ*šōlḥekā***), il est probable que le premier stique s'appuie sur la même métaphore ([484]). Dans ce cas, le suffixe de ***l*ᵉ*hôdîʿăkā*** n'indique pas l'accusatif, mais le génitif : litt. « pour le transmettre de toi » (= ce fait de transmettre qui t'est attribué) = « pour que tu transmettes ». L'élève apprend donc comment il doit faire parvenir un message de son maître et comment lui rapporter la réponse.

Prov 23,1

kî tēšēb lilḥôm 'et-môšēl
*bîn tābîn 'et-'ăšer l*ᵉ*pānèkā*
Si tu t'asseois pour manger avec un chef,
Sois bien attentif à ce qui est devant toi.

([479]) Cf. Rt 2,9 : *hălô' ṣiwwîtî* voici que j'ordonne» (les mesures suivantes). Pour la discussion de *hălō'*, voir Prov 8,1.

([480]) Cf. *PNWSP* 47.

([481]) Cf. G. R. Driver, *JSS* 10 (1965) 116.

([482]) Le mem-enclitique a été traité à propos de Prov 4,1.

([483]) *Biblica* 45 (1964) 232s.

([484]) Cf. M. Dahood, « Congruity of Metaphors », dans *Festschrift Walter Baumgartner* ; VTS 16 (1967) 40-49 : « The fact that biblical authors occasionally mix their metaphors (cf., e.g., Isa. XVIII 1-7) does not of itself undermine the sound text-critical principle that a metaphor be considered consistent until the contrary has been demonstrated. This principle proves very useful in poetic verses comprised of bicola ; quite often the metaphor of one colon is clear, while the text of its counterpart labors under obscurity. At other times, both verse members are affected by a certain ambiguity, so that the proposed explanantion of each colon must proceed *pari passu* » (p. 40).

têšēb lilḥôm : le verbe *lāḥam* « manger » n'est pas très fréquent en Hébreu biblique (presque uniquement en Prov) et jusqu'à présent il ne semble pas qu'on l'ait trouvé dans les inscriptions sémitiques de l'Ouest ([485]). En ougaritique cependant *lḥm* est le terme courant pour « manger ». De plus, si l'expression *yāšab lilḥôm* est hapax dans la Bible (on trouve en Gn 37,25 : *wayyēšᵉbû le'ěkol-leḥem*), on la rencontre en 3 Aqht 29s ([486]) :

aqht km yṯb llḥ [m]	Quand Aqhat s'assit pour manger
bn dnil lṯrm	Le fils de Danel pour dîner.
Et en *UT* 137,20s :	
ilm l.?. ([487]) *yṯb*	Les dieux s'assirent pour manger
bn qdš lṯrm	Les saints pour dîner.

A propos de ces deux textes, on remarquera que les spécialistes sont divisés lorsqu'il s'agit de traduire *ṯrm*. Tandis que Driver (*CML*) et Aistleitner (*Wörterbuch* 2939) le considèrent comme un substantif « repas », Gordon (*UL*) et Ginsberg (*ANET*) le traduisent par « dîner, prendre un repas ». Mais les deux premiers n'ont sans doute pas assez tenu compte des principes poétiques de Ballast Variant ([488]) et d'ellipse ([489]). Les deux textes cités ont, en effet, dans la première ligne, une forme verbale assez longue : *yṯb llḥm* et un sujet bref *aqht* et *ilm*, tandis que dans la deuxième ligne la forme verbale est réduite à l'infinitif construit (*yṯb* n'y exerçant son influence que par le principe d'ellipse), et c'est le sujet qui est plus développé : *bn dnil* et *bn qdš*, rééquilibrant ainsi l'ensemble.

Certes, entre les deux versions, la différence est minime, mais la syntaxe et le style poétique des textes sont mieux sauvegardés si l'on considère *lṯrm* comme un infinitif construit précédé de la préposition *l*.

Prov 23,10

'al-tassēg gᵉbûl 'ûlim (TM *'ôlām*)
ûbiśdê yᵉtômîm 'al tābō'

([485]) Voir la discussion à ce propos dans Jean–Hoftijzer, *Dictionnaire* 137.

([486]) Et en 3 Aqht 18s.

([487]) Il faut bien ici préférer la solution de A. Herdner, qui complète *l* [*llḥm*] en se référant à 3 Aqht 19 et 29 et à 127,11, à celle que propose G. R. Driver *l* [*akl*]. Ce dernier fait appel à Krt 81, qui, en fait, parle de toute autre chose.

([488]) Cf. Prov 6,5.

([489]) Voir Prov 5,16.

ʿûlim : bien avant la publication, par A. Erman (490), d'une comparaison systématique entre la Sagesse d'Amenopé et Prov 22,17 – 24,22, certains auteurs (491) avaient déjà proposé la correction de *ʿôlām* en *'almānâ* en 10a. Il restait encore une certaine hésitation du fait que 23,10a reproduisait exactement 22,28a. Mais le texte d'Amenopé 6 : « Ne sois pas avide d'une coudée de terre et n'entame pas la limite de la veuve » a emporté l'assentiment de la plupart des commentateurs en faveur de la lecture *'almānâ*. Le parallélisme demande en effet un substantif de préférence à une apposition de *g^{e}bûl*, et de plus on retrouvait ainsi le couple très fréquent : *yātôm* // *'almānâ*. Et cependant une telle correction n'échappe pas à la critique car elle ne semble pas respecter suffisamment le texte consonantique.

Etudiant Ps 89,38, M. Dahood (492) a proposé récemment un changement de vocalisation, qui conserve le texte consonantique : *ʿûlim* au lieu de *ʿôlām* avec le sens de « progéniture, enfants ». Et il invite à suivre la même démarche pour Ps 146,6 ; Si 4,23 ainsi que le présent verset. Ce dernier se traduirait donc :

Ne déplace pas la borne des enfants
Et dans les champs des orphelins n'entre pas.

biśdê ... 'al tābō' peut être comparé à 1 Aqht 213 *agrtn bat bšdk* : « Celle qui nous récompensera est entrée dans ton champ (493) ».

g^{e}bûl ... ś^{e}dê : à rapprocher de l'inscription phénicienne de Lapethos *wykdšt ḥyt śgyt bgbl šd nrnk l'dn 'š ly lmlkrt* (494) : « Et je consacrais dans le territoire du champ de Larnaka beaucoup d'animaux à mon Seigneur Melkart ». Dans la version ainsi proposée pour Prov 23,10, le parallélisme ne serait plus entre « orphelin » et « veuve » mais entre « orphelin » et « enfant » bien que le cas soit unique. Le seul exemple semblable, que l'on pourrait obtenir par changement de vocalisation, ne doit vraisemblablement pas être corrigé. Il s'agit de Jb 24,9 :

yigz^{e}lû miššōd yātôm
w^{e}ʿal-ʿānî yaḥbōlû

(490) *Sitzungsberichte der preussische Akademie der Wissenschaften* 1924, 86-93.

(491) Voir les commentaires de Toy et Frankenberg.

(492) *Psalms II* 318.

(493) Avec Driver et Aistleitner ; cf. Gordon et Herdner qui lisent *bḏdk* « dans ton territoire ».

(494) *KAI* 43,9.

On y change souvent *w^eʿal* en *w^eʿūl*, pour traduire :

Ils arrachent l'orphelin à la mamelle,
Et ils prennent en gage l'enfant du pauvre.

Mais étant donné que la préposition *ʿal* indique souvent « de ; de la part de » (495), le verset peut fort bien être traduit, sans changement de vocalisation :

Ils arrachent l'orphelin à la mamelle
Et du pauvre ils extorquent des gages.

(Comparer *ḥbl ʿl* avec *ḥbl l*) (496).

Prov 24,12

kî-tō'mar hēn lō'-y^edāʿannô (TM *yādaʿnû*) *zeh*
hălō' tōkēn libbôt hû'-yābîn
w^enōṣēr napš^ekā hû' yēdāʿ
w^ehēšîb l^e'ādām k^epāʿǒlô
Quand tu penses : « Il ne s'occupe sûrement pas de cela ! »
Celui qui pèse les cœurs ne fera-t-il pas attention ?
Celui qui observe ton âme ne le saura-t-il pas ?
Et ne rendra-t-il pas à chacun selon ses œuvres ?

Tous les auteurs reconnaissent que *yādaʿnû* « nous sachions » est une difficulté réelle : on ne voit pas comment s'introduit ainsi une forme verbale à la 1ère pers. plur., qui correspond mal à la 2ème pers. sing, de *tō'mar* et *napš^ekā*. On suit donc souvent (497) la Septante en lisant *yādaʿtî* ce qui n'arrange pas tout non plus car dans le verset précédent il s'agit d'un précepte général est non pas d'un fait concret. Or d'un précepte général on ne peut pas s'excuser simplement par les mots : « Je ne le savais pas » (498).

(495) Pour cette signification de la préposition *ʿal*, voir M. Dahood, *TS* 14 (1953) 85s ; G. R. Driver, *JSS* 9 (1964) 349. Il est étonnant que H. Donner traduise la phrase suivante de l'inscription de Meša : *wy'mr ly kmš lk 'ḥz 't nbh ʿl yšr'l* (KAI 181,14) : « Und Kamaš sprach zu mir : Geh, nimm Nebo (im Kampf) gegen Israel ! » et non pas « nimm Nebo von Israel weg », selon la traduction déjà proposée par S. Segert, *ArOr* 29 (1961) 228.

(496) Par ex. en Prov 13,13 : « Celui qui méprise un ordre sera puni de saisie (*yēhābel lô*), mais celui qui respecte un précepte sera récompensé ». Cf. M. Dahood, VTS 16 (1967) 41s.

(497) Cf. les commentaires de Toy, Oesterley, Gemser, Scott et BH³.

(498) W. Frankenberg, *Sprüche* 136 : « Aber es handelt sich ja gar nicht um

La difficulté disparaît si l'on considère *yd'nw* comme une 3ème pers. sing. *forma energica* (499), mal vocalisée par les Massorètes ; la signification du verset change totalement : Dieu, le sujet des trois autres verbes, étant aussi le sujet de *yd'nw*.
ye dā'annô : « il s'occupe » nuance plus adaptée au contexte que la signification générale « il sait » : Jahweh ne reste pas indifférent devant l'action des hommes (500). Pour 12b deux possibilités se présentent :

a) Ce stique se relie directement à 12a : la particule de négation en 12a, par principe d'ellipse (501), exerce aussi son influence en 12b ; *hēn* et *hălō'* sont en parallélisme (502) et le *waw* de *w^e nōṣēr* est un waw-emphatique (503). Dans ce cas le sujet de *ye dā'annô* est nommé clairement en 12b : « Bien sûr, le Scrutateur des cœurs ne fait pas attention ! »

b) On commence déjà en 12b la réponse à l'objection de 12a : les trois stiques sont introduits par l'adverbe interrogatif *hălō'*.

Bien que la première explication reste possible, il vaut mieux, semble-t-il, relier 12b aux stiques suivants, vu le triple parallélisme qui rapproche 12b de 12c :

tōkēn - *nōṣēr*
libbôt - *napš^e kā*
hû'-yābîn - *hû' yēdā'*

Prov 24,26

ś^e pātayim yiššāk
mēšîb d^e bārîm n^e kōḥîm
Il donne un baiser sur les lèvres
Celui qui répond franchement (504).

ein Faktum der Vergangenheit, sondern um die ganz zeitlos ausgesprochne Verpflichtung, den Nächsten aus der grössten Not zu retten und mit diesen Worten : wir h. das nicht gewusst — kann der Angeredete unmöglich seine Verpflichtung zu der Rettungsthat bestreiten und ablehnen ». Frankenberg suit la Vulgate et lit : « je n'en suis pas capable ». (Vires non suppetunt).

(499) Pour la question de la *forma energica* et de sa vocalisation, voir Prov 5,22 et note 161.

(500) Cf. A. Barucq, *Proverbes* 133.

(501) Pour l'ellipse voir Prov 5,16.

(502) Cf. Prov 8,1.

(503) Le waw-emphatique a été traité à propos de Prov 8,32.

(504) Ou, si l'on vocalise qal passif, *yuššaq* : « Que soit donné un baiser sur les lèvres de celui qui répond franchement ».

Dans une note de son commentaire ([505]), Toy écrit : « This is the only place in the OT, where is explicit mention of kissing the lips ; there seems to be reference to it in Cant 4,11 (interpreted by Cant 5,1) ... Herodotus (1,134) mentions kissing the lips as a custom of the Persians. Possibly from them it came to the Jews ([506]) ». Cette dernière supposition a perdu beaucoup de sa valeur puisque les textes ougaritiques nous révèlent l'existence de cet usage dans la région cananéenne :

UT 52,49.55 :	
yhbr špthm yš[q]	Il s'inclina, baisa ses lèvres.
UT 124,4 :	
ʿ[nt] ... tnšq šptk	A[nat] ... baisera tes lèvres.

Prov 25,20c

w^{e}šār baššîrîm ʿal leb-rāʿ

Et celui qui chante des chansons en présence de quelqu'un qui est triste.

ʿal : « en présence de ». En 1962, dans un article sur Job, M. Dahood donnait trois autres cas de la formule *šîr ... ʿal* ([507]) : Jb 33, 27a : *yāšîr* (TM *yāšōr*) *ʿal ʾănāšîm* : « Il chante devant les hommes » ; ʿnt,I,20s : *yšr ǵr ṭb ql ʿl bʿl bṣrrt ṣpn* : « Le garçon à douce voix chante en présence de Baal dans les recoins du Saphon. » ; 2 Aqht, VI, 31s : *ybd wyšr ʿlh* : « Il joue (?) et chante en sa présence » ([508]).

baššîrîm : le *beth* semble avoir ici la fonction d'article partitif, comme p.e. en *Prov* 3,31b *ʾal tibḥar b^{e}kol-d^{e}rākāyw* : « Et ne choisis aucune de ses voies » ([509]) ; Jb 7,13 *kî-ʾāmartî t^{e}naḥămēnî ʿarśî yiśśā b^{e}śîḥî miškābî* : « Si je dis : mon lit me soulagera, ma couche enlèvera un peu de mes soucis » ([510]).

La suggestion de M. Dahood ([511]) selon laquelle il vaudrait mieux

([505]) *Proverbs* 453.

([506]) Cf. Oesterley, *Proverbs* 216 : « *He kisseth the lips.* This is an exceedingly strange expression ; the kissing of the lips is nowhere mentioned in the O. T. ; possibly for superstitious reasons it was not practised ».

([507]) *NWSPJ* 69s.

([508]) Pour la préposition *ʿal*, voir aussi P. Suarez, « Praep. *ʿal* = coram in Litteratura Ugaritica et Hebraica Biblica », *VD* 42 (1964) 71-80.

([509]) Cf. *PNWSP* 11.

([510]) Autres exemples du *beth-partitivum* : Prov 9,5 (cf. *UT* texte 52,6 *lḥm blḥm* « mange du pain ») ; Ps 80,6.

([511]) *UgLe* 97.

lire *b^eśārîm* « gay songs », ne semble pas s'imposer, d'autant plus que, selon S. Gevirtz ([512]), le terme *šîr* s'applique normalement en hébreu biblique à une chanson gaie, plutôt qu'à un chant triste.

Prov 26,26

t^ekusseh (TM *tikkasseh*) *śin'â b^emaššā'ôn*
tiggāleh rā'ātô b^eqāhāl

Ce verset présente plusieurs difficultés que l'on résout généralement de la manière suivante : *tikkasseh* serait une forme verbale hithpael avec le *taw* assimilé au *kaph* (seul exemple d'assimilation du *t* au *k* dans la grammaire de Gesenius–Kautzsch) ([513]) ; le terme *maššā'ôn*, hapax, serait à rattacher à la racine *nāšā'* II avec le sens de « fraude, dissimulation ». D'où la traduction quasi-unanime :

> La haine se cache sous la dissimulation
> Mais sa méchanceté sera révélée dans l'assemblée.

Sans doute peut-on envisager aussi une autre version qui, sans changement du texte consonantique, rendrait compte d'un meilleur parallélisme : Les deux versets précédents présentent très clairement cet homme, à la fois mauvais et fourbe, qui dissimule sa méchanceté intérieure sous des allures et des propos aimables :

> Celui qui hait se contrefait dans son langage
> Mais au dedans de lui il met la tromperie ;
> Quand il rend doucereuse sa voix, ne te fie pas à lui,
> Car sept abominations sont en son cœur (trad. Pléiade).

Le verset 26 poursuit en ajoutant que cette haine sera un jour révélée.

Parallèlement à *tiggāleh rā'ātô* du v 26b « sa méchanceté sera révélée », on pourrait lire *t^ekusseh* (!) *śin'â* « sa haine sera exposée ». En vertu du principe d'ellipse, le suffixe de *rā'ātô* exerce également son influence sur la parole parallèle *śin'â*. *t^ekusseh*, vocalisé pual, parallèle à la forme niphal *tiggāleh*, a une nuance privative comme on en rencontre parfois dans les formes intensives, notamment dans le piel de *ksh* ([514]).

([512]) *Patterns in the Early Poetry of Israel* (Chicago 1963) 82 n. 34 : « The noun *šîr* regularly signifies in biblical Hebrew a song of joy rather than of sorrow ».

([513]) *Grammatik* § 53c.

([514]) Cf. Prov 12,23 ; M. Dahood, *PNWSP* 18s.

D'autre part l'hapaxlegomenon *b*ᵉ*maššā'ôn* pourrait être divisé en *b*ᵉ*mō šā'ôn*. La séquence *b*ᵉ – *b*ᵉ*mō* est en effet fréquente en hébreu et en ougaritique, de même que *l*ᵉ – *l*ᵉ*mō* et *k*ᵉ – *k*ᵉ*mō* ([515]). Quant à *šā'ôn*, c'est en Ps 40,3 (*bôr šā'ôn* : Puits de Destruction) ([516]), un nom donné au Shéol. La parole *qāhāl* peut avoir le même sens : l'assemblée des ombres ou des morts ([517]). Ce verset serait alors une allusion à la révélation de cette méchanceté qui, après avoir été cachée par un homme jusqu'au jour de sa mort, sera dévoilée dans le Shéol.

> Sa haine sera exposée dans la Destruction,
> Sa méchanceté sera révélée dans l'Assemblée.

Prov 27,5

> *ṭôbâ tôkaḥat m*ᵉ*gullâ*
> *mē'ahăbâ m*ᵉ*suttāret*

La version donnée par W. Frankenberg est très nette :

> Besser ist offen ausgesprochene Rüge
> Als aufgegebene Freundschaft ([518]).

Supérieure à celle de Delitzsch « verborgene Liebe », elle est cependant contestée par Toy ([519]) pour qui le verbe *sātar* ne peut pas recevoir le sens de « aufgeben ».

Toutefois il faut remarquer que *m*ᵉ*suttāret* ne dérive pas nécessai-

---

([515]) Cf. la discussion de Prov 15,30. On trouve un autre exemple de la séquence *b – bm* dans un texte inédit d'Ougarit (RŠ 24.252,4s) :

> *bm rqdm dšn*
> *b ḥbr kṯr ṭbm*
> Parmi les danseurs joyeux
> Parmi les gaies compagnes de Kothar.

([516]) M. Dahood, *Psalms I* 243 : « Pit of Destruction ».

([517]) Voir la discussion de Prov 5,14 et 1,12. Cf. Prov 21,16.

([518]) *Sprüche* 148 : « Der Spruch vergleicht zwei Thaten in ihrem Erfolg mit einander. Bei der einen spricht einer seinem Freund den Tadel offen aus, bei der andern ... streicht er die Liebe aus, giebt die Freundschaft auf, zieht sich von dem Nächsten zurück, ohne ihm zu eröffnen, was er gegen ihn hat. Durch solche Handlungsweise versperrt er den Weg der Verständigung. Deshalb mahnt Sirach (Si 19,15), den Freund offen zu tadeln, denn dabei wird oft herauskommen, dass manches nur grundlose Verläumdung ist, die ihm seine Feinde zugetragen haben ».

([519]) *Proverbs* 483.

rement de *sātar* mais pourrait provenir de *sûr*. Il est en effet de plus en plus certain que les formes verbales avec *t-infixum*, d'emploi fréquent en ougaritique ainsi qu'en phénicien et en moabitique, sont également utilisées en hébreu biblique ([520]). Or le verbe *sûr* est l'un de ceux qui l'attirent facilement. Si l'on reconnaît ici un participe passif de *sûr* ([521]) on retrouve exactement le sens proposé par Frankenberg, qui ne connaissait pas encore cette possibilité, mais qui a bien vu le sens demandé par le contexte. On pourrait donc traduire ([522]) :

Mieux vaut donner franchement une réprimande
Que de renier l'amitié.

Prov 27,18

nōṣēr tᵉʾēnâ yōʾkal piryāh
wᵉšōmēr ʾădōnāyw yᵉkubbād
Celui qui soigne son figuier mangera de son fruit,
Et celui qui veille sur son père sera honoré.

Pour *ʾădōnāyw* « son maître » ou « son père » voir *PNWSP* 55.

Peut-être doit-on traduire *tᵉʾēnâ* « son figuier » selon le principe d'ellipse, par lequel le suffixe pronominal d'un terme — ici *ʾădōnāyw* — peut exercer sa fonction sur le terme parallèle de l'autre stique ([523]). L'auteur a pu ainsi trouver un bon équilibre métrique : 9 + 9 syllabes.

Prov 27,27

wᵉdê ḥălēb ʿizzîm lᵉlaḥmᵉkā
lᵉleḥem bêtekā wᵉḥayyîm lᵉnaʿărôtèkā
Et du lait de chèvre, en abondance, pour ta nourriture,
Pour la nourriture de ta maison et la subsistance de tes servantes.

([520]) Voir la discussion à propos de Prov 5,5.

([521]) Cf. Gesenius-Buhl, 540 : hiphil de *sûr* : Dn 11,31 : die tägliche Opfer aufhören lassen Ps 66,20 : ein Gebet abweisen Jb 27,2 ; 34,5 : jem. d. Recht entziehen.

([522]) L'accent, dans les deux stiques, semble se trouver sur les participes (cf. Frankenberg, *Sprüche* 148. 83), ce qu'on exprime mieux, en français, par des infinitifs.

([523]) L'ellipse a été traité à propos de Prov 5,16.

ḥayyîm : la signification « subsistance » est clairement indiquée par le parallélisme, et a toujours été comprise ainsi. On doit, avec la même évidence, reconnaître ici une ellipse de la préposition *l^{e}*, qui figure déjà deux fois dans ce seul verset et donc la sous-entendre devant le substantif *ḥayyîm*. Toy ([524]) écrit en ce sens : « The second line is lit. : and maintenance (lit. life) for thy maidens, but the Prep (for) is probably to be continued ». (Le terme « probably » est même trop faible si l'on considère la grande fréquence de ces ellipses ([525]) de suffixes pronominaux, prépositions, négations, etc.) Le français a la possibilité, dans des versets comme celui-ci, de « traduire » cette ellipse du texte hébreu.

Prov 28,10

mašgeh y^{e}šārîm b^{e}derek rā'
bišḥûtô hû'-yippôl
ût^{e}mîmîm yinḥălû-ṭôb
Celui qui égare des hommes droits dans un mauvais chemin,
Tombera à cause de sa perversité ;
Mais les hommes intègres recevront le bonheur.

La version, généralement adoptée, du deuxième stique : « Tombera dans la fosse qu'il a creusée » considère *š^{e}ḥûtô* comme une expression elliptique : « sa fosse : la fosse qu'il a creusée ». On y reconnaît cette fosse dont parle 26,27a « Celui qui creuse une fosse y tombera ». C'est pourquoi tous les dictionnaires relient cet hapaxlegomenon *š^{e}ḥûtô* à la racine *šaḥâ*. La version donnée ci-dessus s'écarte de cette hypothèse pour reconnaître en *š^{e}ḥûtô* un substantif *qatul* de la racine *šaḥat* « corrompre ». « Egarer les hommes » est une action perverse, et à cause de cette perversité l'impie tombera. (Vraisemblablement dans le Shéol, car le verbe *nāpal* a plusieurs fois ce sens condensé) ([526]). Sa mort sera la punition de cet homme pervers ([527]).

([524]) *Proverbs* 494.

([525]) Voir note 523.

([526]) Par ex. Ps 82,7 : *'ākēn k^{e}'ādām t^{e}mûtûm ûk^{e}'aḥad haśśārîm tippōlû* : « Mais comme des hommes vous mourrez et comme n'importe quel prince vous tomberez » ; Prov 7,26 : elle a fait tomber (*hippîlâ*) // ceux qu'elle a tués (*hărugèhā*). Cf. Ps 5,11 ; 36,13 ; Jr 23,12.

([527]) Peut-être doit-on voir dans le troisième stique l'achèvement de cette punition : la perte de ses biens au profit des hommes intègres : « Et les hommes intègres s'empareront de ses biens ». (Cf. 28,8 : « Celui qui accroît son bien

Prov 28,12

Comparer les deux premiers mots de ce verset *ba'ălōṣ ṣaddîqîm* « quand les justes triomphent (?) » avec le début d'une ligne abimée du texte ougaritique 137,12 *b'lṣ 'lṣm* ([528]). Même si le sens de cette expression est difficile à préciser, un tel rapprochement invite à la prudence tous ceux qui proposent de changer le premier mot de ce verset ([529]).

Prov 28,20

'îš 'ĕmûnôt rab-bᵉrākôt
wᵉ'āṣ lᵉha'ăšîr lō' yinnāqeh
L'homme loyal est riche en bénédiction,
Mais celui qui se hâte pour devenir riche ne restera pas impuni.

lō' yinnāqeh : cette expression se trouve assez fréquemment dans le Livre des Proverbes ([530]), et il s'agit toujours de malfaiteurs ou de faux témoins. La signification de *ha'ăšîr* semble donc être plus nuancée que le simple « devenir riche » ; la LXX traduit : *'o de kakos ouk atimōrētos estai.*

On a vu précédemment ([531]) que les termes « riche » et « méchant » recouvrent souvent la même réalité dans le langage des sages : cf. Ps 37,16 *rᵉšā'îm rabbîm* « les riches méchants ». Dès lors l'expression *'āṣ lᵉha'ăšîr* désigne sans doute pour eux, simultanément, « celui qui se hâte pour devenir riche » et « celui qui se hâte pour commettre l'injustice » car ils attribuent aux deux la même attitude.

---

par l'usure et l'interêt l'aura rassemblé pour celui qui a pitié des faibles ».) Dans ce cas, le suffixe pronominal de *bišḥûtô* exercerait aussi sa fonction sur le terme *ṭôb.*

([528]) Le verbe *'lṣ.* se trouve aussi deux fois dans une inscription punique (*KAI* 89,4s), mais les auteurs ne sont pas d'accord sur la signification du verbe (« se réjouir de » ou « pousser à bout »).

([529]) BH³ ; Toy, Oesterley, Gemser, Scott ; etc.

([530]) Par ex. 6,29 ; 11,21 ; 16,5 ; 17,5 ; 19,5.

([531]) A propos de Prov 11,7.

Prov 29,2

birbôt ṣaddîqîm yiśmaḥ hā'ām
ûbimšōl rāšā' yē'ānaḥ 'ām
Quand les justes ont le pouvoir, le peuple se réjouit,
Mais quand un homme impie domine, le peuple gémit.

On constate que la suggestion faite par Frankenberg ([532]), en 1898 : « *rābâ* deutlich = *māšal*», a été rejetée par plusieurs commentateurs modernes ([533]). Et moins nombreux encore sont ceux qui l'ont admise pour Prov 28,28 et 29,16, où ce sens est pourtant exigé par le contexte. En Prov 29,16 il y a même vraisemblablement un jeu de mots sur les deux significations de *rābâ* :

Prov 29,16 : *birbôt rᵉšā'îm yirbeh-pāša'*
wᵉṣaddîqîm bᵉmappaltām yir'û
Quand les méchants sont au pouvoir, le péché se multiplie,
Mais les justes verront leur chute avec joie.

mappelet : le sens général est celui de « chute» d'un royaume.

rā'â bᵉ : Zorell ([534]) traduit : « cum gaudio aspexit — hostes victos etc.» Il donne une série d'exemples de *rā'â bᵉ* avec cette nuance (comme déjà par ailleurs dans l'inscription de Meša, 7) ([535]). *mappelet* et *rā'â bᵉ* évoquent ici la chute de certains gouvernants, de sorte que, très vraisemblablement, les deux premiers mots de ce verset, de même qu'en 29,2, signifient « quand les méchants sont au pouvoir».

yirbeh-pāša' signifie sans aucun doute « le péché se multiplie». Il est donc très probable que l'auteur a voulu jouer sur les deux significations possibles de ce verbe *rābâ*.

Prov 30,28b

wᵉhî' bᵉhêkᵉlê melek
Mais il se trouve dans le palais du roi.

([532]) *Sprüche* 156.
([533]) Ainsi *Bible de la Pléiade*, Barucq, Scott, van der Ploeg, Gispen.
([534]) *Lexicon Hebraicum* 746.
([535]) Cf. l'araméen *ḥzh b* des lettres d'Elephantine (Cowley, *Aramaic Papyri of the Fifth Century B.C.* 30,17 ; 31,16).

Même si l'on peut traduire « les palais des rois » ([536]), on ne doit pas se croire obligé de traduire au pluriel. Il est fort probable que nous ayons ici un exemple de cet usage des poètes hébreux ([537]) et ougaritiques ([538]) qui mettent très souvent au pluriel les termes désignant « l'habitation ». C. H. Gordon ([539]) reconnaît cette manière de faire chez Homère qui emploie souvent *dōmata* en ce sens. Pour lui cela proviendrait du fait que les « maisons » de l'antiquité étaient plutôt une série de bâtiments séparés.

Prov 31,6

t^e nû' šēkār l^e'ôbēd
w^e yayin l^e mārê nāpeš
Donnez de la liqueur forte à qui dépérit
Et du vin à qui est dans l'amertume.

Ce verset fait penser à Jr 16,7, où l'on parle d'une coupe de consolation proposée à celui qui est en dueil. A propos de ce dernier texte, J. Bright écrit, dans son commentaire de Jérémie ([540]) : « Cup of consolation. A custom not elsewhere alluded to in the Bible ». Cette affirmation est mise en doute par le présent verset car c'est bien de cette coupe qu'il s'agit ici, comme le confirme le verset suivant, 31,7, où l'on précise qu'elle sert à faire oublier la misère et la peine.

Pour le parallélisme entre *šekar* et *yayin*, qui figurait déjà en 31,4, voir les textes ougaritiques :

2 Aqht,II,19s ([541]) :

aḫd ydy bš
krn mʿmsy k šbʿt yn
Celui qui me prend par la main quand je suis ivre,
Qui me soutient quand je suis saturé de vin.

([536]) Cette version, donnée par la Bible de la Pléiade, est supérieure à celle de la BJ « les palais du roi ».

([537]) Par ex. *miškᵉnôt* : Ps 43,3 ; 84,2 ; 132,5.7 ; Jb 18,21 ; 39,6. — *ḥăṣērôt* : Ps 65,5 ; 96,8. — *miqdᵉšîm* : Ps 73,17.

([538]) C. H. Gordon *UT* § 13,17 : « Words for dwellings are often pl. in form though they are to be translated as sg. ».

([539]) *UT* 111 n. 1.

([540]) *Jeremiah* 110.

([541]) Que l'on trouve aussi, à quelques nuances près, en 2 Aqht,II,5s.

RŠ 24.258,16 ([542]) :

yšt [il y]n ʿd šbʿ
trṯ ʿd škr
El boit du vin jusqu'à ce qu'il soit saturé,
Du moût jusqu'à ce qu'il soit ivre.

Prov 31,14

hāyᵉtâ kāʾŏniyyôt sôḥēr
mimmerḥāq tābîʾ laḥmāh
Elle est telle qu'un vaisseau de commerce
Qui apporte ses céréales de loin.

On a quelquefois proposé la lecture au singulier *ʾŏniyyat* (Vulgate, Gesenius–Buhl), après avoir estimé que le deuxième stique s'applique plus facilement et literalement au navire, et seulement indirectement à la « femme de valeur ». En discutant Prov 9,1, on a vu que la forme phénicienne en *-ôt* se rencontre assez souvent en hébreu comme forme dialectale. Or, personne ne doute du caractère septentrional, phénicien, de ce poème final du Livre des Proverbes (choix de paroles, orthographe, etc). Dans ce cas *ʾŏniyyôt* pourrait être la forme du singulier en orthographe phénicienne. Il s'agit d'un cargo pour le transport des céréales (*leḥem* a souvent ce sens général ([543])).

A propos de ce verset on peut encore signaler l'expression *lḥt akl* qui se trouve dans deux lettres, découvertes dans le four du palais royal d'Ougarit ([544]). L'auteur de la seconde, un certain *Pgn*, demande au roi d'Ougarit d'équiper un navire de mer, afin de l'aider comme il l'a déjà fait en lui envoyant un *lḥt akl*. Cette dernière expression est traduite par Gordon ([545]) « requisition of food » ; de son côté Virolleaud ([546]) propose « tablette de vivres », mais il ajoute : « On serait tenté de se demander si *lḥt* a bien dans ces deux cas-là le simple sens de ‘ tablette ’. La solution serait probablement fournie par une comparaison avec Ez 27,5 où la lecture impossible de TM *lūḥōtāyim* s'expliquerait si l'on divise ce mot en *luḥōt yām* ‘ navire de mer ’.

([542]) Cette ligne de la tablette, encore inédite, est citée par C. H. Gordon, *UT* Glossary 1813.
([543]) Voir les dictionnaires, p.e. Zorell 396 ; BDB 537.
([544]) *UT* 2060 et 2061.
([545]) *UT* Glossary 1358.
([546]) *PRU V* 85.

Ez 27,5 *bᵉrôšîm miśśᵉnîr bānû lāk 'et kol lūḥōt yām* (!) : « De cyprès de Senir ils faisaient tous tes navires de mer» ([547]).

Dès lors l'expression *lḥt akl* serait à traduire « cargo de céréales» et désignerait ce même navire auquel la femme vaillante est comparée en Prov 31,14.

Quant aux deux lettres, on en proposera la version suivante : Texte 2060 :

17 *wlḥt akl ky*	Et sûrement tu dois envoyer
18 *likt ʿm špš*	un cargo de céréales au Soleil,
19 *bʿlk ky akl*	ton Maître, car il n'y a plus de
20 *b ḫwtk inn*	blé dans ton dépôt.

Texte 2061 :

9 *ky lik bny*	Comme mon fils m'a envoyé
10 *lḥt akl ʿmy*	un cargo de céréales
11 *midy w ǵbny*	je suis au large et ...
12 *w bny hnkt*	Eh bien ! que mon fils, de cette
13 *yškn anyt*	même façon, équipe un navire de
14 *ym*	mer ...

Prov 31,16

zāmᵉmâ śādeh wattiqqāḥēhû
mippᵉrî kapèhā naṭᵉʿā kārem
Elle examine un champ et l'acquiert
Et du fruit de ses mains elle plante une vigne.

Le verbe *lāqaḥ* et l'orthographe phénicienne de *natᵉʿā* ont déjà été analysés par M. Dahood ([548]).

śādeh ... kerem : dans un registre de terrains, trouvé à Ougarit la séquence *šd krm* ou *šd w krm* revient trois fois ([549]). On peut lire en outre, dans le texte sur Yariḫ et Nikkal : *atn šdh krmm šd ddh ḥrnqm* ([550]) : « Je ferai de son champ une vigne, et du champ de son amour un verger» ([551]).

([547]) Pour un commentaire philologique plus complet, voir maintenant H. J. van Dijk, *Ezekiel's Prophecy on Tyre. A New Approach* (Roma 1968) 59-61.

([548]) *PNWSP* 61.

([549]) Texte 1079, 6.8.12.

([550]) 77,22s.

([551]) Pour une discussion récente de ce texte, voir Wolfram Herrmann ,

Prov 31,18b

lō'-yikbeh ballayil nērāh
Sa lampe ne s'éteint pas pendant la nuit.

ballayil : le Qéré remplace ici *ballayil* par *ballaylâ*, forme commune en Hébreu biblique, de même qu'en Prov 31,16 il « corrigeait » la forme verbale *naṭᵉ'ā*, d'origine phénicienne. Cette correction n'est pas indispensable compte tenu de l'origine du passage et aussi du fait que ce mot, sous sa forme brève *lyl*, n'est pas inconnu : on la retrouve plusieurs fois dans les textes poétiques (552) ; en Ougaritique, où *ll* est le dieu « Nuit », la formule *lll* « pour Nuit », est employée en *UT* 22,9 et 23,7, en parallélisme avec la mention d'autres dieux ; enfin sur la statue de Hadad. trouvée à Zinçirli, c'est cette même forme brève qui revient : *wšnh lmn' mnh blyl'* (553) : « Et pendant la nuit il tiendra le sommeil loin de lui ».

nēr : « lampe » ; l'ougaritique connaît les deux mots *nr* et *nrt* « lampe, lumière ». La plupart des auteurs pensent qu'il s'agit ici de deux substantifs, masculin et féminin (cf. le pluriel de *nēr* = *nērôt*), mais C. H. Gordon (554) préfère n'en voir qu'un seul : *nr* et considerer *nrt* comme une forme féminine du participe de *nyr* : *nrt ilm špš* : « Šps, éclaireur des dieux » (555).

Prov 31,19a

yādèhā šilᵉḥâ bakkîšôr
Elle met la main à la quenouille.

kîšôr : le parallélisme conseille de chercher la signification de cet hapaxlegomenon dans la terminologie technique de la filature. La racine *kšr* a sûrement une relation avec le nom divin *kṯr* (presque toujours en forme pleine : *kṯr-w-ḫss*), l'artisan des dieux, spécialisé dans la métallurgie. Y-a-t-il une allusion à ce travail de métaux en Qo 10,10 là où le contexte parle de « fer », « émoussé », « aiguiser » ? : « Si le fer est émoussé et qu'on n'aiguise pas le tranchant, on doit y met-

---

Yariḫ und Nikkal und der Preis der Kuṯarāt-Göttinnen. Ein kultisch-magischer Text aus Ras Schamra (Berlin 1968) 14.

(552) Is 15,1 ; 21,11 ; 30,29 ; Ex 12,42.

(553) *KAI* 214,24.

(554) *UT* Glossary 443.

(555) p.e. 49,II,24 ; 49,IV,32.41 ; 51,VIII,21.

tre plus de forces, mais l'améliorer en l'affûtant, c'est faire œuvre de sagesse (*weyitrôn hakšêr ḥokmâ*) ([556])».

Prov 31,26

pîhā pāteḥâ beḥokmâ
wetôrat-ḥesed ʿal lešônâ
Elle ouvre sa bouche avec sagesse
Et un enseignement pieux est sur sa langue.

Les mots *pî* et *lāšôn* sont souvent employés en parallélisme dans la Bible hébraïque. On les trouve maintenant aussi dans un fragment d'un texte mythologique d'Ougarit ([557]) :

arḫ td rgm bǵr bpy tʿlgt b lšn[*y*] *ǵr* (?) ...:
La génisse jette un appel de la montagne,
De sa bouche vient un bégaiement
De sa langue?.

C. Virolleaud traduit ([558]) : « Dans ma bouche (il y a) bégaiement ; sur ma langue, une montagne (?)». Sachant que le contenu de l'appel de la génisse ne débute qu'en ligne 5 *śmʿ ly* « écoute(z)-moi !», il vaut mieux considérer les lignes 2 et 3 comme la suite de la description de l'animal : le suffixe *-y* serait suffixe pronominal de la 3ème pers. fém. ([559]). Sur la possibilité du yod comme suffixe pronominal de la 3ème pers. fém. en Prov 7,6, voir la discussion de ce verset.

Prov 31,27

ṣôpiyyâ hălîkôt bêtāh
weleḥem ʿaṣlût lōʾ tōʾkēl
Elle surveille les allées et venues de sa maisonnée,
Aussi des personnes fainéantes ne mangent-elles pas sa nourriture.

La version ordinairement adoptée pour le deuxième stique « et elle ne mange pas le pain de l'oisivité» ne s'enchaîne pas parfaitement

([556]) Comparer BJ : « Mais l'avantage de la sagesse, c'est le succès».
([557]) *PRU V* 124,1-3.
([558]) *PRU V* 173.
([559]) Voir la discussion du *yod* comme suffixe pronominal de la 3ème personne à propos de Prov 8,35s.

avec le premier et n'ajoute rien à ce qui précède sur les valeurs de *'ēšet-ḥayil*, qui n'est certes pas présentée comme paresseuse.

Alors que le premier stique parle d'une surveillance de la maisonnée, on s'attend au résultat de cette activité, introduit par la particule *wᵉ*. Si *'aṣlût*, hapaxlegomenon, est une parole abstraite ayant une signification concrète dans ce contexte, le verset affirme que serviteurs ou servantes, s'ils ne travaillent pas, ne sont pas nourris par leur maîtresse [560].

leḥem : « sa nourriture ». Le suffixe est celui de *bêtāh* qui par le principe d'ellipse exerce aussi son influence en 27b.

Prov 31,29

rabbôt banôt 'āśû ḥāyil
wᵉ'at 'ālît 'al-kullānâ
Beaucoup de femmes ont ramassé des richesses,
Mais toi tu les as toutes surpassées.

Comme en Ez 28,4 et Dt 8,17 *'āśâ ḥāyîl* signifie « ramasser des richesses » plutôt que « se montrer vaillant », surtout en raison du contexte qui contient beaucoup de termes empruntés au langage de l'économie et du commerce. La LXX donne les deux sens et fait ainsi un tristichon de ce verset.

bānôt : à ne pas traduire : « filles » mais en un sens plus général « femmes » de même qu'en Ct 2,2 ; 6,9 ; Gn 30,13 [561].

Prov 31,31

tᵉnû-lāh mippᵉrî yādèhā
wîhalᵉlûhā baššᵉ'ārîm ma'ăśèhā

Presque tous les traducteurs ont compris ce verset dans le sens :

Donnez-lui du fruit de ses mains
Et que ses œuvres la louent aux portes.

Cette version est acceptable, mais le parallélisme en est absolument absent. Les remarques suivantes pourraient permettre de s'orienter vers une meilleure solution.

---

[560] Cf. 2 Thess 3,10 : « Si quelqu'un ne veut pas travailler, qu'il ne mange pas non plus ».

[561] Cf. E. A. Speiser, *Genesis* 231.

tᵉnû : contrairement à ce que disent tous les dictionnaires, cet impératif ne vient pas de *nātan* mais — comme l'indique le parallélisme — du verbe *tānâ* « chanter, glorifier» de Jg 5,11 et 11,40 ([562]).

La pratique stylistique de la séquence impératif-jussif a toujours été reconnue par les grammaires : « Assez souvent un *yiqtol* de prière, de demande, d'ordre etc. équivaut à un impératif, notamment après un impératif» ([563]). (Ce même usage se rencontre d'ailleurs dans les textes poétiques d'Ougarit - à l'insu, semble-t-il, de nombreux spécialistes ([564])). Ce verset en donne un exemple avec la formule : *tᵉnû-lāh... wihalᵉlûhā* : « Glorifiez-la ... qu'on la loue = louez-la».

La préposition de *mippᵉrî, min* = « à cause de», exerce son influence, par le principe d'ellipse ([565]), sur le terme parallèle *maʿăśèhā* « à cause de ses œuvres».

On obtient alors la version suivante :

> Glorifiez-la à cause du fruit de ses mains,
> Louez-la à la Porte ([566]) à cause de ses œuvres.

Noter aussi le phénomène stylistique « Ballast Variant» ([567]) : la détermination locale *baššᵉʿārîm* manque en 31a mais est contrebalancée par la forme plus longue *mippᵉrî yādèhā*.

([562]) Ou peut-être doit-on vocaliser *tannû*, piel : c'est ainsi que l'on trouve ce verbe en Jg 5,11 et 11,40. On remarquera la version espagnole de L. Alonso Schökel, récemment parue (*Proverbios y Eclesiastico* [Madrid 1968] 135), qui adopte également ce sens de *tᵉnû* :

> Cantadle por el éxito de su trabajo,
> Que sus obras la alaben en la plaza.

([563]) Joüon, *Grammaire* § 113m.

([564]) Voir la discussion de ce phénomène stylistique à propos de Prov 7,4.

([565]) Cf. Prov 5,16.

([566]) Litt. « aux portes». Il s'agit ici de la place publique près de la porte de la ville.

([567]) Le « Ballast Variant» a été traité dans la discussion de Prov 6,5.

Index des auteurs cités

Aistleitner, J., 13, 21, 23, 34, 55, 60, 70, 76, 104, 106, 139, 140.
Albright, W. F., 6, 13, 23, 34, 35, 36, 39, 65, 66, 69, 74, 81, 85, 88, 90.
Alonso Schökel, L., 13, 52, 91, 94, 102, 112, 156.

Barr, J., 5, 7, 13, 77, 104.
Barucq, A., 5, 6, 13, 28, 32, 45, 49, 56, 64, 65, 68, 71, 88, 94, 95, 96, 100, 101, 102, 105, 106, 110, 112, 115, 118, 120, 124, 128, 131, 142, 149.
Bauer, H., 84, 104.
Bauer, H. et Leander, P., 12, 62, 137.
Baumgartner, W., 6, 10, 35, 56, 107, 122, 138.
Baumgartner, W., voir Koehler, L. et Baumgartner, W.
Beirne, D., 25.
Bertholet, A., 36.
Bickell, G., 110.
Birdsall, J. N., 67.
Boccaccio, P., 50.
Bogaert, M., 13, 45, 84, 138.
Boström, G., 13, 52, 69, 83.
Brekelmans, C. H. W., 13, 57, 58, 116.
Briggs, C. A., 9, 13.
Bright, J., 13, 150.
Brockelmann, C., 13, 68.
Brown, F., 9.
Buhl, F., voir Gesenius, W. et Buhl, F.

Casanowicz, E. M., 13, 52, 83.
Cassuto, U., 61, 70.
Cooke, C. A., 13.
Cowley, A., 9, 13, 149.
Cross, F. M. Jr., 13, 14, 31, 84, 136.

Dahood, M. J., 6, 10, 14, 19, 21, 22, 23, 24, 25, 26, 27, 28, 31, 39, 41, 42, 45, 46, 50, 51, 52, 53, 57, 60, 62, 63, 64, 69, 71, 75, 76, 79, 80, 82, 83, 84, 85, 87, 89, 91, 95, 100, 102, 103, 104, 107, 113, 115, 117, 120, 121, 123, 125, 126, 127, 128, 131, 132, 133, 134, 135, 137, 138, 140, 141, 143, 144, 145, 152.
Delitzsch, F., 14, 57, 135, 145.
Dhorme, É., 10.
Dijk, H. J. van, 14, 83, 152.
Donner, H., 10, 14, 42, 59, 61, 136, 141.
Driver, G. R., 6, 14, 15, 34, 40, 41, 55, 57, 58, 62, 67, 73, 85, 98, 104, 107, 138, 139, 140, 141.
Driver, S. R., 9, 15, 96, 98, 125, 127.
Duesberg, H., 15, 113.
Dyserinck, J., 28.

Ehrlich, A., 66.
Erman, A., 140.

Fitzmyer, J. A., 15.
Frankenberg, W., 15, 23, 54, 60, 61, 67, 71, 86, 89, 91, 94, 106, 108, 111, 116, 118, 120, 131, 135, 137, 140, 141, 142, 145, 146, 149.
Fransen, I., 15, 113.
Freedman, D. N., 15, 25, 31, 41, 57, 62, 64, 84.
Friedrich, J. J., 10, 15, 24, 33, 42, 84, 90, 107, 109.

Garbini, G., 15, 53.
Gaster, Th. H., 15, 21, 30, 85.
Gemser, B., 15, 23, 34, 61, 64, 71, 82,

Index des références bibliques

Psaumes

Proverbes

Qohelet

Cantique

Sagesse

8,13a 85
8,17. 85

Ecclésiastique

4,23. 140
5,8 . . . . 92, 93, 96, 103
11,30 . . . . 19, 20
19,15 145
24,30 s 47
24,30 s 47
28,25 s 51
42,3. . . . . 79, 108
51,2. 128

Isaïe

1,31. 23
3,8 99
5,22. 87
7,14. 75
9,19. 55
13,3. 25
14,13 42
15,1. 153
15,8. 59
21,9. 99
21,11 153
22,5. 104
24,18 38
26,19 48
28,6. 59
28,25 22
29,1. 88
30,5. 106
30,20 41
30,29 153
32,2. 28
38,10 74
38,12 23
40,19 59
41,18 49
41,19 36
42,22 59
43,19 75
45,3. 78
47,11 39
48,14 59
48,14 59
50,6. 54
51,8 s 48
51,9. 86
51,39 48
51,57 48
53,3. 116
53,9. 96
54,5. 23
54,6. 45
58,11 49
58,13 59
60,13 36
60,15 45
60,16 97
61,7. 59
62,4. 45
65,11 87
65,20 83
66,8. 25
66,11 61

Jérémie

9,18. 131
9,20. 24
14,7. 40
16,7. 150
16,13 124
18,22 39
22,26 124
23,12 . . . . 114, 147
24,6. 98
30,14 55
31,26 38
31,28 98
31,33 30
33,6. 47
33,15 121
42,10 98
48,2. 25
48,43 39
51,8. 99
51,8 s 47

Index des références ougaritiques

Index des références phéniciennes et araméennes

Index des mots hébreux

dlp, goutter, 130
s'effondrer, 129
delep, écroulement, 129s
d'h, chercher, 31
da'at, compagnon, 68
respect, 89
derek, puissance, 95, 103
autorité, 131

hôn, dextérité, 105
hyh, annihiler, 115
halō', voici, 74, 111, 137s, 142
hālak, marcher, 67
halikôt, ruée, 67
hēmmâ, voilà, 46
hinnām, à la dérobée, 19, 22

zebaḥ, banquet, 69
zārâ, l'étrangère, l'éloquente, 52
zrh, étendre, 22
dissiper, 132
zeret, empan, 22

ḥṭ', manquer le but, 83
ḥayyîm, subsistance, 147
Vie Eternelle, 48, 85
ḥōmer, coupe, 87
ḥpṣy, choses désidérables, 35
ḥṣb, abattre, 86

ṭôb, précieux, lucratif, 77
doux, 77
salaire, 77
pluie, 77
discours, 77
joyeux, 116
ṭrd, pourchasser, 129
yād, griffe, piège, 66
main gauche, 72

yd', prendre soin de, 91, 141
yôm 'ebrâ, jour de trépas, 93
ymk, tomber, descendre, 53
yqr, briller, 34
yôrᵉdê bôr, les descendus dans la fosse, 20s
yēš, possessions, 79, 108
yšr, regarder, 50
yᵉtārîm, richesses, 103

kî, particule emphatique, 35
ky-wl, mesurer, 135
ksh, exposes, 102, 144
krh, acquérir, 110

lᵉ, de, de la part de, 101
lō'-ṭôb, crime, 123s, 126
lō'-ken, injustice, 124
lō' mišpāṭ, injustes, 108
ldm, silencieusement, 19
luḥôt yām, navire de mer, 151

mᵉ'aššūr, cèdre, 36
māgān, Souverain, Bienfaiteur, 26
māgēn, don, 26
mōdā', parent, 68
māwet, royaume de la mort, 53
māzôr, piège, filet, 22
mimsāk, cratère, 87
msk, verser, tirer, 86
ma'gᵉlôt, pâturages, 28
māqôr, discours, propos, 127
miryām, comble, 40
mišmār, ce qu'on doit garder, 49

npl, être vaincu, 99

sll, étreindre, 45

'ebrâ, transgression, 136
'ûlim, enfants, 140
'ōz, forteresse, 134
'al, en présence de, 143
de, de la part de, 141
'al-yōšer, iniquité, 126
'lh, attaquer, 134
'alê-ḥōq, désordre, 126
'aṣlût, fainéant, 155
'rb, entrer, 38
'śh, récolter, ramasser, 99, 107
'attiq yômîn, Ancien des jours, 89

paḥad, meute, 38s
pit'ōm, soudain ?, 39
pᵉtiyôt, simplette, 90

Index des mots ougaritiques

Index analytique

Index général

Notes philologiques

Proverbes

19. — J. Fitzmyer, The Aramaic Inscriptions of Sefîre. 1967. xiii-207 p. XVIII tab. L.it. 3.000/$5.00

20. — H. J. van Dijk, Ezekiel's Prophecy on Tyre (Ez 26,1 - 28,19): A New Approach. 1968. xii-149 p. L.it. 2.400/$4.00

21. — N. J. Tromp, Primitive Conceptions of Death and the Nether World in the Old Testament. 1969. xxiv-241 p. L.it. 3.300/$5.50

22. — A. C. M. Blommerde, Northwest Semitic Grammar and Job. 1969. xxviii-151 p. L.it. 2.700/$4.50

23. — W. A. van der Weiden, Le livre des Proverbes. Notes philologiques.

PONTIFICIUM INSTITUTUM BIBLICUM

Biblical Institute Press, Piazza della Pilotta 35, 00187 Roma, Italia